과학이 재미있어지는
질문과 토론

과학이 재미있어지는
질문과 토론

강다현
지 음

"초등 6년에
완성하는
과학사고력의 힘"

learnstanding

차례

010　**프롤로그**

　　　아이들의 멋진 성장을 지켜보았던 감동적인 경험

PART I 우리 아이 공부, 이대로 괜찮을까?

제1장　이제 우리 교육을 돌아봐야 할 때

026　잠을 줄이며 공부하는데 성적이 떨어지는 이유

029　외워서 하는 공부는 반드시 한계가 오기 마련

033　스스로 생각하고 공부하는 방법은 적기에 배워야 한다

제2장　기초가 부실하다는 말의 진짜 의미

037　초등학교 때 잘못 배운 공부 습관의 결과

042　우리 아이는 지식을 어떻게 습득하고 있나?

제3장　중학교 과학이 어렵게 느껴지는 이유

046　직접 경험, 간접 경험이 주는 효과

049　독서를 통한 간접 경험

053　과학자들이 했던 바로 그 질문이 출발선이다

057　말랑말랑한 이야기로 먼저 만나는 과학

PART II 생각공부 사이클 : 질문, 토론, 독서, 글쓰기

제1장 공부가 즐거워지는 비밀 : 질문, 토론

064 '공부가 재밌다'에 숨겨진 비밀
067 배움에 대한 내적 동기를 자극해야
071 내적 동기의 출발 : 질문 만들기
075 질문 자체에 가치를 두어야
077 내적 동기의 완성 : 토론

제2장 질문은 학습 역량의 핵심이다

087 질문으로 키우는 학습 역량 3가지
090 제대로 질문하는 법을 가르쳐라
094 질문에도 수준이 있다
096 질문 그 자체가 중요한 이유

제3장 생각하는 공부 : 토론

102 과학을 토론으로 배운다고?
108 과학토론의 목적과 종류
110 40분 토론 수업에서 얻은 '지식보다 중요한 것'
119 질문을 스스로 해결했을 때의 짜릿한 즐거움

제4장   과학과 독서의 관계

125   문해력은 교과 이해도를 좌우한다
129   과학과 문해력의 상관관계
134   과학책을 읽는 이유, 과학을 배우는 이유
137   발견하는 재미를 알게 될 때 과학적 사고력은 쑥쑥 자란다
142   과학자들의 연구 방법을 배우는 독서
148   과학은 암기 과목이 아니다
156   다양한 관점의 글은 이해에 깊이를 더한다

제5장   배움의 종착지 : 과학 글쓰기

159   듣기 중심 교육이 지닌 문제점
164   듣기 공부에서 읽기 공부로
167   답을 찾는 교육, 글을 쓰는 교육
172   교과 이해도를 높이는 글쓰기
174   과학 공부에 글쓰기가 왜 필요할까
179   글쓰기로 키울 수 있는 다섯 가지 역량

PART III 생각머리 키우는 엄마표 과학

제1장   내적 동기 꽃피우고 열매 맺기

196   실생활에서 '진짜 과학' 하는 재미
203   유레카! 자석 블록의 비밀을 찾다
205   학습만화의 문제점과 활용법
214   유튜브로 내적 동기 높이는 방법

제2장 재미를 넘어서 과학적 사고력을 키우는 엄마표 과학 실험

226   과학 실험이 오히려 독이 된다?
229   과학 실험에서 반드시 키워야 하는 역량 ①
236   과학 실험에서 반드시 키워야 하는 역량 ②
238   과학 실험에서 반드시 키워야 하는 역량 ③
240   흥미를 넘어서 사고력을 키우는 과학 실험

제3장 가정에서 시작하는 과학 에세이, 탐구 보고서

242   내 생각을 자유롭게 표현하는 것이 글쓰기의 출발
246   근거나 예시를 들어 설명하는 글쓰기
250   과학이론으로 세상을 해석하는 나만의 방식

259 가정에서 완성하는 탐구 보고서
264 사고하는 단계를 모두 담아내는 실험 보고서

제4장 공부의 본질 : 과학도 결국 문해력

268 과학만이 들려줄 수 있는 재미난 스토리
273 과학자들의 삶이 그대로 녹아 있는 책
280 과학책 풍성하게 읽기
283 과학 문해력을 키우는 3단계 독서법

292 **에필로그**

독서교육의 최종 목표는 책을 읽는 어른이 되는 것

※ 개인정보보호를 위해 등장하는 인물의 이름은 모두 가명으로 표기하였습니다.

Prologue.

아이들의 멋진 성장을 지켜보았던 감동적인 경험

벌써 10년 전입니다. 당시 저는 부산의 한 인문계 고등학교에서 물리를 가르치고 있었습니다. 어느 날, 과학실로 전화 한 통이 걸려왔습니다. 영재학교에서 파견 교사를 모집 중이라며 신청을 제안해주셨습니다. 정말 많은 고민이 있었지만 결국 영재학교에 파견 근무를 해보기로 했습니다.

저의 가장 큰 고민은 무엇이었을까요? 제가 영재가 아니라는 사실입니다. 영재 학생들을 가르칠 만큼 물리를 잘하지 못한다는 사실입니다. '영재가 아닌 내가 영재 학생들을 가르쳐야 한다고?' 엄청난 부담감을 안고 1년이란 시간을 보냈습니다.

하지만 다음 해에는 새로운 고민이 생겼습니다. 영재들을 가르치며 저의 가장 큰 고민은 아이러니하게도 다음 두 가지였습니다.

1. 한 반 학생들의 수준 차이가 크게 난다는 것
2. 정말 다 이해하는 것인지 알 수 없다는 것

생물의 다양성은 정말 놀랍습니다. 세상 어느 집단을 모아도 그 속에는 '차이'라는 것이 존재하는가 봅니다. 영재학교 학생들도 수준 차이가 크게 났습니다. 그럴 수밖에 없는 구조이긴 합니다. 다양한 전공이 있어서, '물리'가 좋아서 진학한 학생들은 대학 물리학과 전공 책을 볼 만큼 앞서 있었고, '생물'을 전공한 학생은 물리에는 약할 수밖에 없었습니다. 하지만 저는 이 다양한 학생들을 같은 수업으로 끌고 가야 하는 교사였습니다.

첫해는 매일매일 수업 준비에 허덕였습니다. 한시도 집중력을 놓지 않고 공부해야 수업을 마칠 수 있었습니다. 그런데도 좌절감이 몰려왔습니다. 일반 학교보다도 수업 시간에 집중하는 학생 비율이 낮았습니다. 일부 학생들에게는 너무 쉬운 수업이었고, 또 일부 학생들에게는 너무 어려운 수업이었으며, 무엇보다도 강의식 수업은 재미가 없었습니다.

또 다른 문제가 있었습니다. 영재들의 실력에 놀라워하며 하루하루를 살아가던 저였지만, 어느 순간 이런 생각이 들었습니다. "두꺼운 물리 전공 책을 들고 다니는 저 아이들은 정말 다 이해한 걸까?" 영재학교에서 사용했던 교재는 원서였는데, 우리나라 『물리 2』 정도의 수준이고 설명은 대학 교재보다도 친절했습니다. 다 아는 내용이라 생각했지만, 수업 준비를 위해 혹시나 놓친 부분은 없는지 꼼꼼하게 읽었습니다. 한글 책이면 대충 읽었을 겁니다. 다 안다고 생각했을 테니까요. 하지만 원서라 천천히 읽을 수밖에 없었습니다.

한 문장, 한 문장 해석하며 책을 읽다 보니 평소에 무심코 넘어갔던 것들에서 새롭게 연결되는 생각들이 떠올랐습니다. '이게 이런 뜻이었나?' 혼자 유레카를 외치는 날이 많아졌습니다. 그 내용을 수업 시간에 물어보면 그렇게 잘하던 아이들이 답을 못할 때가 많았습니다. 서서히 생각의 전환이 일어났습니다. "점점 더 어려운 것을 가르치는 것이 아니라, 당연한 것에서 당연하지 않은 것을 찾자. 쉽다고 생각했던 것에서 '어? 잠깐만! 왜 이렇지?'라는 생각이 떠오르게 만들어보자."

다음 해부터는 수업 방식을 바꾸었습니다. 그 당시 '거꾸로 수업'이 유행하고 있었고, 제가 속한 학교도 관심을 두고 있었죠. 학생들은 수업 전에 읽기 자료, 동영상 강의 등을 이용하여 스스로 공부를 하고 옵니다. 수업 시간에는 공부한 내용에서 확장된 질문으로 토론을 했습니다. 수업을 준비해야 하는 양이 엄청나게 늘어났습니다. 수업 전에 공부할 수 있는 동영상 강의를 만들어야 했고, 수업 시간에 토론할 질문을 만들어야 했습니다. 게다가 여기는 영재학교잖아요! 동영상 강의를 만들기 위해 더 열심히 공부해야 했습니다.

수업 시간에 다룰 질문지를 만드는 일도 쉽지 않았습니다. 그 질문은 다음 요건을 갖춰야 했습니다. 첫째, 학생들이 단번에 답을 찾지 못하고 생각할 시간이 필요한 질문일 것. 둘째, 그럼에도 불구하고 선행 학습의 차이와 관계없이 논리적인 사고로 접근하면 답을 찾을 수 있는 질문일 것. 잠시 커피 마실 시간도 나지 않을 만큼 종일 수업 준비를 했지만 그만큼 보람이 있었습니다. 학생들은 수업 시간의 토론을 위해 더 열심히 공부해왔고, 수업 시간에는 누구 하나 졸지 않고 토론에 참여했으며, 토론하는 동안 평소에 부족했던 아이들을 더 신경 써서 봐줄 수 있어서 수준별 수업이 가능해졌습니다.

그런데요, 이보다 더 중요한 것은 저의 변화였습니다. 수업 시간에 다룰 질문을 만들기 위해 교재를 꼼꼼하게 다시 읽었습니다. 텍스트를 한 줄, 한 줄 읽으면서 '만약 이 내용을 이해했는지 아닌지 판단하려면 어떤 질문을 하면 좋을까?'를 고민하고 또 고민했습니다. 이 내용을 적용할 수 있는 현상은 무엇이 있을까? 자료를 찾고 또 찾았습니다. 그러자 제 머릿속이 꿈틀거리기 시작했습니다. 정말 궁금한 질문이 생기고 똑같은 사실에 대해서도 관점을 달리하게 되었습니다. '아! 이게 이런 뜻이었구나.' '이거 정말 감동적인데?' 머릿속에서 물리 체계가 입체적으로 자라는 느낌이 들었습니다. 점점 물리가 더 재미있어졌습니다. 점점 궁금한 것이 많이 생겼고요. 공식을 외우고 계산하는 물리가 아니라 세상의 틀을 이해하는 학문으로 자라고 있었습니다. 고작 수업을 위해 질문을 만드는 연습을 했을 뿐인데, 그동안 보지 못했던 것들이 보이기 시작했습니다. 진짜 배움의 즐거움이란 이런 것일까요?

질문을 만드는 것에서 수업 준비는 끝나지 않았습니다. 질문을 선정하는 것이 토론 수업을 준비하는 시작이었다면, 교사인 저는 그 토론을 어떻게 이끌어갈 것인지 준비해야 했으니까요. 그래서 책을 찾아 읽었습니다. 책에 질문의 답이 그대로 있진 않았습니다. 하지만 질문을 해결할 수 있는 실마리가 있었죠. 그렇게 하나하나 알아갈 때마다 너무 즐거워서 소리를 질렀습니다. 저의 이런 즐거움을 학생들에게도 느끼게 해줄 생각에 흥분되기도 했어요.

'거꾸로 수업'을 했던 2014년도 1년간은 교사 생활 중 수업이 가장 즐거웠던 한 해였습니다. 한데 문제가 생겼어요. 저는 파견 교사였고, 일반 학교로 돌아가야 했습니다. '과연 학교 교육과정 안에서 이렇게 융통성 있는 수업이 가능할까?' 고민 끝에 사직을 했습니다. 그리고 영재학교에서 했던 수업의 초등학생 버전을 만드는 일에 돌입했습니다. 여러 시행착오를 거쳐 지금의 틀이 만들어졌습니다.

책을 읽고, 질문하고, 토론하고, 글로 표현하고, 다시 책을 읽는 '생각공부' 사이클입니다.

놀랍게도 많은 학생이 변했습니다. 과학에 재미를 붙였습니다. 수업 시간을 기다립니다. 머리를 쓰느라 얼굴이 빨갛게 상기될 정도로 힘들게 수업을 마쳤는데 "너무 재밌다."라고 말합니다. 스스로 과학책을 찾아 읽습니다. 이렇게 익힌 공부법을 다른 과목에도 적용합니다.

제가 봐도 변했습니다. 생각이 논리적으로 잡혔습니다. 더 많은 궁금증이 생겨 수업 중간에도 "잠깐만요! 그런데요."라며 질문을 하기 시작합니다. 번뜩이는 아이디어가 늘었습니다. 중학생도 생각하기 어려운 원리를 자기도 모르게 설명하고 있습니다.

  선생님들도 변했습니다. 수업이 즐거워졌습니다. 가르치는 보람이 생겼습니다. 생각하는 즐거움을 깨닫는 아이들을 보며 배움에 대한 생각이 바뀌었습니다. 내 아이를 어떻게 가르쳐야 할지 큰 틀이 보이기 시작했습니다.

  그중에는 놀랍도록 많이 변하는 아이들도 있지만 그렇지 못한 아이들도 있었습니다. 아이들 개개인의 능력일까요? 그 부분이 궁금해서 학습 능력이 좋은 아이들을 만나면 어김없이 부모님에게 전화를 드렸습니다. 아이들의 기나긴 성장 과정을 모두 듣고 나면 고개가 절로 끄덕여졌습니다. 그 뒤에는 부모님의 교육관이 있었습니다. 부모님과 교사가 같은 곳을 지향하며 함께 노력할 때 아이들이 가장 많이 성장했습니다. 그래서 부모 강의를 시작했습니다. 하지만 강의에서 수많은 수업의 예시를 모두 알려드릴 수가 없었습니다. 설명회에 100명이 넘는 부모님들이 참여하시면서 다양한 사례들의 질문을 쏟아내셨지만 모두 답해드릴 수가 없었습니다. 언젠가는 해야겠다고 생각하고 있었던 일을 올해는 꼭 해야겠다고 다짐했습니다. 강의는 스쳐 지나가지만 책은 흔들릴 때마다 펼쳐볼 수 있으니까요.

　미루고 미루던 책을 쓰게 되었습니다만 다시 보니 부끄럽습니다. 글을 쓴다는 것은 여전히 어려운 것 같습니다. 하지만 제 아이에게도, 제가 가르치는 아이들에게도 '최선을 다해 노력하는 것이 더 중요하다'라고 가르칩니다. 명료하게 전달하고자 최선을 다해 노력했습니다. 저희 수업 연구는 아직 진행 중입니다. 더 좋은 방법은 없을까? 더 어린아이들은 어떻게 접근해야 할까? 교육의 대상인 학생들은 나이도, 수준도 너무 다양해서 늘 고민합니다. 이 책이 조금이나마 미래 교육의 방향에 도움이 되었으면 좋겠습니다.

　'생각공부' 사이클은 질문, 토론, 독서, 글쓰기가 서로 긍정적인 영향을 주며 반복됩니다. 그렇다면 질문, 토론, 독서는 무엇이 가장 먼저일까요? 무엇이든 출발점이 될 수 있습니다. 책을 읽으면서 질문을 찾을 수도 있고, 궁금한 것이 생겨서 독서를 할 수도 있습니다. 하지만 아직 질문 초보라면 책을 읽으면서 질문을 찾는 방법이 접근하기 쉽습니다.

　PART Ⅰ에서는 우리 아이 공부 습관에 문제가 없는지 짚어봅니다. 문제 풀이 중심 선행 학습의 문제점을 살펴보고 중학교 과학이 어려워지는 이유를 이와 연결하여 진단해봅니다. 이를 통해 지식 전달 중심의 교육이 바뀌어야 하는 근본적인 이유를 살펴봅니다.

PART II에서는 공부가 재미있어지는 독서, 질문, 토론, 글쓰기의 '생각공부법'을 소개합니다. 질문을 통해 확인하고 키울 수 있는 학습 역량과 생각하는 힘을 키우는 토론 방법을 알아봅니다. 과학 공부에 독서가 미치는 영향을 분석하여 문해력의 중요성을 짚어보며 듣기 중심, 답을 찾는 교육에서 읽기 교육, 글을 쓰는 교육으로의 전환을 제안합니다. 과학에서 글쓰기가 왜 필요한지 짚어보고 글쓰기로 키울 수 있는 역량을 살펴봅니다.

PART III에서는 질문, 독서, 토론, 글쓰기로 이어지는 '생각공부법'을 가정에서 지도할 수 있는 방안을 제안합니다. 과학에 대한 흥미 유발로 많이 사용하고 있는 학습만화, 유튜브의 부작용과 함께 긍정적인 활용 방법을 소개합니다. 흥미 유발을 넘어서 과학적 사고력을 키울 수 있는 과학 실험 방법과 과학 실험을 통해 얻을 수 있는 꼭 필요한 역량을 살펴봅니다. 가정에서 생활화할 수 있는 토론 문화의 중요성과 방법에 대해 알아보며, 가정에서 과학 글쓰기 지도에 참고할 수 있는 방법을 소개하였습니다.

이 책은 과학 공부에 관한 책일까요? 저는 과학을 전공했고 과학을 가르칩니다. 이 책에서 나오는 모든 예시는

'과학'을 바탕으로 하고 있습니다. 하지만 분야를 막론하고 모든 배움의 본질은 같습니다. 질문하고, 생각하고, 토론하고, 책을 읽으며, 글을 쓰는 과정에서 얻는 배움의 즐거움과 생각하는 힘을 키우는 교육의 본질이 자리 잡기 바랍니다. 패스트푸드는 맛있지만 시간을 들여 만든 슬로우 푸드가 몸에 좋습니다. 쉬운 공부가 아닌 배움이 되는 공부의 출발선이 되길 기대해봅니다.

> 스스로 문제를 발견하는 역량을 키우고(질문),
> 필요한 지식을 찾아서 흡수하는 능력을 키우며(독서),
> 논리적 사고 과정으로 스스로 문제를 해결하는 능력을 키우고(토론),
> 지식을 넘어 세상을 바라보는 틀을 세우고 배워서 일어서는 교육이 되길 바랍니다(글쓰기).

글을 쓰는 순간순간, 그동안 저에게 보내주셨던 감사의 편지와 후기들이 떠올랐습니다. 가정에서 엄마표 독서와 엄마표 학습을 하는 열정 많은 분을 많이 만났습니다. 과학을 전혀 알지 못하는 문과 엄마도, 낮에 일하느라 바쁜 워킹맘도 충분히 엄마표 학습이 가능하다는 것을 보여주셨습니다. 가정에서 엄마표 독서를 하며 과학 공부의 방향을 잡고 싶으신 분, 교육의 본질에 대해 고민하시는 부모님과 교사, 새로운 수업을 시도하고자 하는 교육자분들에게 큰 도움이 될 것입니다.

둘째 수현이를 낳은 날, 진통제를 먹고 아나필락시스 쇼크가 왔습니다. 정신을 잃고 대학병원 응급실로 이송되던 중 잠깐 눈을 떴습니다. 저는 병원 이동식 침대에 누워 있었고, 사방으로 의사들이 침대를 밀며 황급히 뛰어가던 중이었습니다. TV에서나 보던 장면 속에 제가 누워 있었습니다. 그 짧은 찰나에 두 가지 생각이 떠올랐습니다. 가족이 생각났고, 다른 하나는 제가 못다 한 일이었습니다. 용기를 내지 못해 시작하지 못한 일이 있었습니다. 이대로는 죽을 수 없었습니다. 다행히 대학병원 응급실에서 깨어났고, 이후 중환자실로 옮겨져 회복했습니다. 그 이후로 박차를 가해 달려왔습니다. 이 책이 그 못다 한 일의 결실입니다. 이제는 편하게 발 뻗고 잠을 잘 수 있을 것 같습니다.

영재학교에 근무할 당시 학부장님은 늘 교육에 대해 고민을 많이 하던 분이셨습니다. 학부장실에 모여 커피를 마실 때면, 질문과 토론이 중요하다고 재차 강조하셨습니다. 바쁘신 와중에도 수업 시간마다 작은 쪽지에 질문을 적도록 하고 학생 개개인과 면담 시간을 정해 잠깐이라도 질문에 대해 주고받으셨습니다. 지금 생각해보니 이 책에 소개한 소크라테스식 질문법이 아니었나 싶습니다. 효과적인 토론 수업에 관해서 책을 읽고 연구하시며 저에게도 많은 조언을 해주셨습니다. 짧은 기간이었지만 많은 가르침에 진심으로 감사드립니다.

질문을 한가득 던질 때마다 "아주 좋은 질문이네요."라며 같이 생각하고 토론해주셨던 동료 선생님도 계셨습니다. 연구실 문을 두드릴 때마다 아낌없는 조언을 나누어 주셔서 교육에 대한 철학을 세울 수 있었습니다. 감사합니다.

무엇보다 제가 수업에서 성과를 얻을 수 있었던 것은 가정에서 제대로 된 독서교육과 기다림으로 키운 귀한 아이들을 보내주셨기 때문입니다. 온·오프라인에서 만난 아이들의 멋진 성장 과정을 지켜볼 수 있어서 너무 감사했습니다. 이 자리를 빌려 그동안 '생각수업'에 참여한 아이들에게 감사의 마음을 전하고 싶습니다.

어려운 여정임을 알면서도 뜻을 모아 함께해주시는 런스탠딩 아카데미 선생님들, 종완샘, 선형샘, 형심샘, 두영샘, 보영샘, 경민샘과 긴 원고를 읽고 정성껏 피드백해주신 현영샘, 미희샘 항상 진심으로 감사드립니다. 밝고 즐겁게 자라고 있는 두 아들 수민, 수현이와 제가 글을 쓰고 수업을 하는 동안 물심양면으로 지원해주시는 부모님에게도 감사의 말을 전합니다.

2022년 겨울 제주도에서
저자 강다현 올림

PART I

우리 아이 공부, 이대로 괜찮을까?

| 제1장 |

이제 우리 교육을 돌아봐야 할 때

» 잠도 줄이며 공부하는데 성적이 떨어지는 이유

지환이를 처음 만난 것은 지환이가 고3이 되기 직전 겨울방학이었습니다. 지환이는 학습 의욕이 매우 높은 학생이었어요. 부모님이 건강을 걱정하실 정도로 공부했다면 보통은 아니지요? 중학교 때부터 한눈팔지 않고 성실하게 공부했던 결과는 역시나 실망스럽지 않았습니다. 고등학교 1학년까지만 해도 대부분의 과목에서 1등급을 받았습니다. 그뿐만이 아니었어요. 각종 교내 활동에 참여하여 수상을 했고, 과학 동아리를 만들어 리더십을 보여주었습니다. 학생부 기록도 탄탄했지요. 이런 지환이도 고등학교

2학년 여름 방학을 지나면서부터 부쩍 불안해하기 시작했습니다. 무엇이 불안했을까요? 저는 지환이가 공부하는 모습을 보면서 '이보다 더 열심히 할 수는 없다.'라고 생각했습니다.

지환이의 성적표가 삐거덕거리기 시작한 것은 고등학교 2학년 첫 시험에서였습니다. 처음에는 수학에서 조금 삐끗했지만 별일 아닐 거라고 생각했어요. '이번 시험에서는 저번만큼 하지 못했었군.' 지환이는 시험 준비를 많이 하지 못했기 때문이라고 스스로 위안했습니다. 지환이는 정말로 최선을 다해 공부하는 학생이었습니다. 다음 시험에는 수학에 더 많은 시간을 쏟아부었습니다. 점수가 또 떨어졌습니다. 수학 등급이 더 하락했고, 다른 과목도 흔들렸습니다. 2학기 기말고사가 되자 어디서부터 손을 써야 할지 혼란스러워졌습니다. 이제 지환이의 성적표는 2~4등급으로 채워졌습니다. 잠을 더 줄여가며 공부했습니다. 하지만 밑 빠진 독에 물 붓는 기분이었습니다.

왜 성적이 떨어질까요? 우리는 공부를 열심히 하지 않기 때문이라고 생각합니다. 혹은 머리가 나쁘다고 생각하지요. 중학교 전교 1등인 지환이처럼 한순간 무너지는 경우가 의외로 많습니다. 머리가 나빠서일까요? 열심히 하지 않았기 때문일까요? 전교 1등을 놓치지 않았을 만큼 명석했고 부모님과 선생님이 걱정할 정도로 열심히 했습니다. 그런데 지환이의 성적은 왜 갑자기 미끄러지기 시작했을까요?

위에서 말씀드렸듯 고2 겨울방학, 모든 과목에 빨간불이 켜졌을 때 지환이를 만났습니다. 첫 수업에 20문항 정도의 시험지를 만들어갔습니다. 시간을 재고 문제를 푸는 과정을 지켜보았습니다. 역시나 아주 잘 풀어 내려갔습니다. 그런데 한 가지 석연치 않은 부분이 있었습니다. 지환이는 대부분의 어려운 문제도 척척 풀었지만 4문제 정도를 해결하지 못했습니다.

시험이 끝나고 물었습니다.

"평소에 수학 공부는 어떻게 해?"

처음 보는 물리 선생님이 갑자기 수학 공부 방법은 왜 물어보는 걸까요? 당황한 지환이는 이론을 읽고 문제집을 푼다는 아주 평범한 답을 했습니다.

"문제를 풀다가 모르는 문제가 나오면 어떻게 해?"

여기서 잠깐 책을 멈추고 생각해보세요. 우리 아이는 공부를 하다가 모르는 문제가 나오면 어떻게 해결하고 있을까요?

지환이는 이렇게 대답했습니다.

"5분 정도 생각해보고, 그래도 해결이 안 되면 별표를 치고 선생님에게 물어봐요."

"언제부터 그렇게 공부했어?"

"중학교 때부터요. 엄마가 모르는 문제에 5분 이상 생각하지 말라고 하셨어요. 시간 낭비라고요."

지환이는 그동안 수학 공부를 하면서 모르는 문제가 나왔을 때 5분 이상 생각해본 적이 없었습니다. 아마 물리도 비슷한 방식으로 공부했겠지요.

» 외워서 하는 공부는 반드시 한계가 오기 마련

지환이가 공부했던 방법을 상상해볼까요? 개인 과외를 받으면서 선생님이 내용을 설명해줍니다. 다른 사람의 논리를 따라가는 일은 크게 힘들지 않습니다. 설명을 쭈욱 듣고 나서 고개를 끄덕끄덕합니다. 이제 문제를 풀어요. 막히는 문제가 있으면 별표를 쳐두고 질문합니다. 선생님이 친절하게 모든 풀이를 보여주지요. 풀이를 들으니 이해가 됩니다. '아! 이렇게 푸는 거구나.' 이제 스스로 풀어봅니다. 선생님이 알려주신 풀이 그대로 풀었어요. 답이 맞아요. '아! 이제 해결했어. 나는 이 문제를 풀 수 있어.' 오답노트를 작성하고 다시 풀어봅니다. 풀이가 기억나면 풀어내고, 기억나지 않으면 또다시 질문합니다.

이렇게 공부한 결과는 어떻게 되었을까요? 제가 준비해 간 20문항의 시험지에는 쉬운 문제와 어려운 문제가 섞여 있었습니다. 지환이가 틀렸던 문제는 가장 어려운 문제가 아니었어요. 지환이는 문제를 읽고 풀이를 생각하는 데 시간이 거의 걸리지 않았습니다. 문제를 읽는 순간 연필을 잡고 슥슥 풀어냈습니다. 풀이 과정에는 막힘도, 잘못 풀어서 돌아가는 일도 없었습니다(보통은 문제를 보면 풀이를 생각하는 시간이 필요하지요). 그런데 모르는 문제를 마주하자, 한 단계도 나아가지 못했습니다. 일반적으로 모르는 문제를 만나면 어떻게 풀어야 할지 고민합니다. 문제 속에 있는 힌트를 이렇게 저렇게 끄적여봅니다. 그러다가 풀릴 수도 있고, 또다시 막힐 수도 있어요. 하지만 지환이는 모르는 문제는 전혀 손을 쓰지 못했습니다. 스스로 풀었던 문제보다 훨씬 쉬운 문제인데도 말이죠.

저는 여기서 지환이가 수학과 물리를 자신도 모르게 암기해서 푸는 방식으로 공부를 했을 것이라는 가설을 세웠습니다. 일반적으로 물리보다는 수학 공부 시간이 월등히 많아서, 수학 공부법에 관해 물어보았어요. 그리고 열심히 공부하는 학생이라 수학을 공부하던 방식이 자연스럽게 물리에도 녹아들었을 것이라고 생각했습니다.

이후 몇 개월간 수업을 하면서 지환이의 공부 방법을 더 자세히 들여다볼 수 있었습니다. 지환이는 정말 열심히 공부했습니다. 그날 해야 할 일을 다 끝내지 못하면 잠을 자지 않았습니다. 학년이 올라갈수록 점점 공부량은 늘어났고, 시간은 한계가 있었어요. 아무리 열심히 공부한다고 해서 세상의 모든 지식을 외울 수는 없으니까요. 기본적으로 학교에서 선정한 보충 교재는 다섯 번 이상 풀었습니다. 틀린 문제가 나오면 답지를 보면서 다시 풀어봅니다. 그리고 틀린 문제는 다섯 부씩 더 복사해두고 반복해서 풀었습니다. 또 틀리면 다시 그 문제를 다섯 번 더 풀어서 확인했어요. 지환이를 보면서 이렇게 끈기 있게 공부할 수 있는 정신력에 절로 감탄이 나왔습니다. 동시에 조금 일찍 다른 방법으로 공부했다면 어땠을까 하는 아쉬움도 들었습니다.

지환이는 문제를 많이 풀었고 공부하는 시간도 많았습니다. 하지만 '스스로 생각해서 문제를 풀어내는 시간'이 절대적으로 부족했습니다. 저와의 수업에서는 '천천히 생각하며 스스로 문제를 푸는 것'에 집중하기로 했습니다. 수업 시간은 1시간 반. 어떤 날은 다섯 문제, 또 어떤 날은 세 문제밖에 풀지 못하는 날도 있었습니다. 늘 많은 문제를 풀어내던 지환이는 초조해하기도 했습니다. 하지만 부모님은 대학에 입학하는 것이 전부가 아니니 앞으로 공부할 수 있는 힘을 키웠으면 좋겠다고 하셨습니다. 믿고 기다려주신 부모님 덕분에 그렇게 비효율적인 수업을 할 수 있었습니다.

고2 겨울방학이 지나고 고3이 되었습니다. 첫 시험에서 지환이는 물리 1등급을 받았고, 이어서 경시대회에서도 수상하였습니다. 지환이는 조금씩 스스로 공부하는 법을 깨우쳐갔습니다. 이는 저에게도 놀라운 경험이었습니다. 두 가지 시사점을 얻었습니다. 먼저, 생각하는 힘을 키우는 데는 생각만큼 많은 시간이 걸리지 않는다는 것이었습니다. 수능을 눈앞에 둔 고등학생이 공부 방법을 바꾸기란 쉽지 않습니다. 이미 늦었다고 생각하기 때문에 성적이라도 잘 받는 방법을 선택합니다. 첫 단추를 잘못 끼운 걸 알지만 다시 맞출 시간이 충분하지 않다면 단추를 풀 시도를 하기 어렵습니다. 저 역시 '스스로 생각하는 힘'을 키우는 것은 시간이 오래 걸리는 일이라 생각했습니다. 하지만 지환이의 부모님은 대학입시가 아니라 앞으로 긴 시간 공부를 해나가는 것이 더 중요하다고 생각하셨습니다. 지환이도 공부에 대한 열의가 있었기 때문에 가능한 일이었습니다. 그 결과, 고작 3개월 만에 놀라운 변화가 있었습니다. 두 번째로, 배움의 과정이 매우 중요하다는 것입니다. 고작 하루에 한 시간 사고를 전환했을 뿐입니다. 지환이는 스스로 머리를 가동하는 방법을 찾았습니다. 오랜 시간 엉덩이를 붙이고 앉아 있는 것보다 뇌에서 일어나는 일을 스스로 볼 줄 아는 힘이 더 중요했습니다.

» 스스로 생각하고 공부하는 방법은 적기에 배워야 한다

고등학교에는 지환이 같은 사례가 많습니다. 학년이 올라갈수록 상위권 학생들의 등급이 휘청하고 걷잡을 수 없을 만큼 떨어집니다. 특히 지환이처럼 성실한 경우에는 지켜보는 사람도 더 답답하고 안타깝습니다. 왜 그럴까요? 고등학교 교사로 있던 시절 오랫동안 고민했던 화두였습니다. 대부분은 이렇게 말합니다. '수학 머리가 없어서', '문과 성향이라서'. 물론 사람마다 타고난 성향이라는 것이 있습니다. 하지만 그 문제만은 아닌 것 같습니다. 저는 고등학생이 될 때까지도 '스스로 생각하고 공부하는 방법'을 제대로 배우지 못했기 때문이라고 생각했습니다. 그리고 지환이를 보며 확신을 가질 수 있었습니다. 어떤 방식으로 배워나가는지, '배움의 방법'은 우리 생각보다 더 중요하다는 것을요. 그리고 '생각하는 힘'이야말로 교육의 적기에 배워야 하는 능력이라는 것을요.

중학교 시험은 연습량이 많으면 좋은 성적을 받을 수 있습니다. 다양한 문제를 많이 풀어보면 성적이 잘 나옵니다. 그러다 보니 어느덧 '공부=문제집 풀기'라는 공식이 성립해버렸습니다. 문제집을 많이 풀면 공부를 많이 한 것이 되는 것이지요.

학원가에서는 이렇게 물어봅니다.

"몇 바퀴 돌렸나요?"

고등학교 가기 전에 고등학교에서 배울 교재를 몇 번 봤는지가 선행 학습의 척도가 되었습니다. 선행 학습의 압박은 점점 저학년으로 내려옵니다. 중학교에 들어가기 전에 중학교에서 배울 교재를 몇 번씩 반복해야 하는 것이 규율처럼 되어버렸습니다.

그런데요, 그 후유증은 고등학교에 올라가면 나타납니다. 지환이처럼요. 과도한 선행이라는 것을 알고, 수업료의 압박을 받지만 그런데도 왜 여전히 그런 교육에서 벗어나지 못하고 있을까요? 첫 번째 이유는 심리적 불안감 때문입니다. '열심히 하면 성공한다.'라는 생각이 뿌리 깊이 새겨져 있습니다. 달리 별 방법이 없으니 그렇게 하면 잘 될 것이라고 막연히 생각합니다. 다른 친구들만큼 잘하지 못하더라도 '그렇게라도 했기 때문에 이 정도'라고 위안합니다. 두 번째 이유는 똑같은 과정을 거쳐도 정말로 잘하는 상위 1%가 있기 때문입니다. 분명 일부 학생은 이 과정에서 스스로 생각하는 힘을 키웁니다.

　A와 B 학생이 있어요. 똑같은 교재로 똑같은 시간 동안 공부를 합니다. 그 두 학생의 머릿속에서도 똑같은 일이 일어날까요? 학창 시절에 아주 친한 친구가 있었습니다. 그 친구는 영어를 잘했고, 저는 수학을 잘했어요. 그 친구는 늘 저에게 수학 문제를 물어보았습니다. 지환이처럼 문제집에는 별표가 가득했습니다. 한번은 보충 교재에 있는 문제를 가르쳐줬는데, 자리로 돌아간 지 5분도 안 되어 다시 물어보러 왔습니다. 그렇게 자리로 갔다 오기를 반복했습니다. 같은 문제 풀이를 저에게만 3~4번을 들었습니다. 그때 이런 생각이 들었어요. '이 정도면 저 문제를 그냥 외울 것 같은데…' 지금 생각해보니 그 친구는 정말로 외워서 공부했습니다. 반면 저는 틀렸던 문제는 온전하게 잊고 나서야 다시 풀어보았습니다. 그 당시는 공부법까지 고민했던 것은 아니었고 그게 재미있었거든요. 잘 풀리지 않을 것 같은데 풀어냈을 때의 쾌감이 수학을 공부하는 즐거움이었습니다.

　공부는 머리에서 일어나는 일입니다. 똑같은 교재를 붙들고 똑같은 시간을 앉아 있더라도 머릿속에서 일어나는 일은 다릅니다. **우리가 집중해야 하는 것은 '어떤 교재'로 '얼마만큼' 했느냐가 아니라 '머릿속에서 어떤 일이 일어**

나고 있는가'입니다.

  수학이요? 어렵습니다. 물리요? 어렵습니다. 하지만 똑똑한 사람은 할 수 있고, 그렇지 못한 사람은 할 수 없는 공부가 아닙니다. 오히려 그 반대이지요. 과학을 배우는 이유는 그 과정을 통해 논리적이고 추상적인 사고를 할 수 있게 되고 똑똑하게 뇌를 사용할 수 있기 때문입니다. 우리 아이는 머리가 나빠서 공부를 못하는 게 아닙니다. 그동안 공부할 머리를 키워놓지 않았기 때문에 못하는 것입니다.

| 제2장 |

기초가 부실하다는 말의 진짜 의미

» 초등학교 때 잘못 배운 공부 습관의 결과

"세상에, 이것 봐. 초등학교 때 이미 태양고도와 남중고도를 배워."

"그렇네. 그런데 왜 고등학생들도 이걸 어려워하지?"

고등학교 교사 두 사람이 머리를 맞대고 초등 과학 교과서를 분석하고 있었습니다. 고등학생들이 과학을 어려워하고 스스로 공부하지 못하는 이유는 중학교 때부터 학원에 의존한 공부 방법 때문이라고 생각했습니다. 요약된 듣기 공부와 개념 암기, 그리고 문제 풀이 공부 방법으로 미처 생각하는 힘을 키우지 못한 것입니다. 문제집은 대부분

선다형 문항입니다. 주관식이 있더라도 개념을 외워 쓰는 것에 지나지 않습니다. 문제집으로 확인할 수 있는 공부 역량은 '요약 정리된 내용을 얼마나 잘 외웠는가?'입니다. 그런데 중학생들이 그렇게 공부할 수밖에 없는 이유는 더 내려가서 초등학교 때부터 잘못된 공부를 해왔기 때문이었습니다.

우연히 신도시의 새 아파트를 지나가게 되었습니다. 입주하기도 전인데 벌써 한 동 건너 공부방이 들어섰습니다. 5세부터 공부 습관을 잡아준다는 광고가 붙었습니다. 다섯 살부터 시작해야 하는 공부 습관이란 뭘까요? 몇 년 전만 해도 초등 저학년이 하던 문제집 풀기가 이제는 유아들에게로 내려갔습니다. 공부방에서는 문제집을 중심으로 정답을 찾는 공부를 합니다. 매일 얼마나 많은 양을, 혹은 규칙적으로 풀고 맞추었는지 체크하는 지식 중심의 교육이 이루어지고 있습니다. 기초를 세운다는 교육이 오히려 기초를 부실하게 만들고 있다는 생각이 들었습니다.

초등학교 과학 교과서를 분석하던 고등학교 교사 두 사람은 계속해서 놀라고 신기할 따름이었습니다. 알고 보니 고등학생들이 어려워하는 개념들은 초등부터 배웠던 것들이었습니다. 초등학생들이 배우는 내용을 왜 고등학생들도 이해하지 못하고 어려워하는 걸까요? 아니, 반대로 초등학생들은 이 내용을 얼마나 제대로 이해하고 있을까요? 분명 우리 교육에는 커다란 구멍이 있는 것 같았습니다.

다음은 태양고도와 남중고도의 정의입니다.

태양고도 : 태양이 지표면과 이루는 각

남중고도 : 태양이 남쪽 하늘의 중앙에 왔을 때의 고도

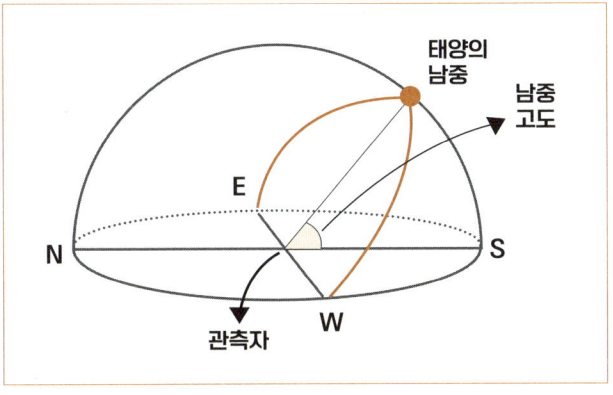

이를 보고 태양고도와 남중고도에 관해 설명할 수 있나요? 둘은 어떻게 다른가요?

학생들에게 태양고도가 무엇인지 물으면 이렇게 답합니다.

"태양이 지표면과 이루는 각도예요."

남중고도가 무엇인지 물으면 이렇게 답하죠.

"태양이 남쪽 하늘의 중앙에 왔을 때 고도예요."

이렇게 배우고 고등학생이 되었습니다. 고등학교 지구과학에서 똑같은 개념이 나옵니다. 하지만 고등학교 과학에서는 개념만 묻지 않습니다. 그 개념을 활용하여 심화한 문제가 나옵니다. 태양고도와 남중고도가 왜 다른지, 어떻게 다른지 생각해보지 않은 학생에게는 빈 구멍이 있는 것이나 다름없습니다. 심화한 내용까지 들어가려니 너무 어려워집니다.

같은 문장을 보고 이런 질문을 떠올리는 학생도 있습니다. '태양이 지표면과 이루는 각도가 있을까? 왜 각도가 생길까? 이 각도를 측정할 수 있을까? 이 각도는 변하는 걸까? 무엇에 따라 변할까? 왜 변하게 될까?' 이 질문의 끝에는 태양고도를 측정하는 방법, 하루 중에 태양의 고도가 변하는 이유, 계절에 따라 고도가 어떻게 달라지는지, 왜 계절에 따라 남중고도가 다른지, 왜 우리는 여름이 덥고 겨울이 추운지, 적도 지방의 여름과 우리의 여름 중 어느 곳이 더 더운지에 대한 답이 있습니다. 이렇게 공부한 학생은 깊이 있게 이해했을 뿐 아니라, 궁금한 것에 대한 답을 찾으면서 '즐거움'까지 느끼게 됩니다.

안타깝게도 태양이 지표면과 이루는 각이 무엇인지 물으면 태양고도라고 답하고, 태양이 남쪽 하늘의 중앙에 왔을 때 고도가 무엇인지 물으면 남중고도라고 답하는 공부만 하고 있어요. 왜 그럴까요? 교과서에는 사전적 정의를 다루기 전에 다양한 활동을 제시합니다. 계절별 사진을 통해 태양이 매 시각 어느 위치에 있는지 찾아보면서 왜 남중고도라는 개념이 필요한지 스스로 추론할 수 있도록 탐구 활동을 설계해놓았습니다. 하지만 그 과정에는 '생각하기'라는 귀찮은 과정이 포함됩니다. 그것보다는 누군가의 요약 설명을 듣고 문제집을 푸는 공부가 훨씬 쉬운 공부 방법이에요. 또한 그런 내용들은 너무 쉬워 보이거나 혹은 별로 중요해 보이지 않습니다. 아침, 점심, 저녁 태양이 어디에 있는지는 초등 5학년에게 만만해 보입니다.

중요한 것은 그 위치가 아니에요. 그런 자료를 바탕으로 '태양고도'와 '남중고도'라는 개념이 왜 필요한지 끌어내는 과정입니다. **'과정', 마지막에 남은 '지식'이 아니라 그 '과정'이 중요합니다.** 그 과정을 통해 두루뭉술한 개념을 제대로 이해할 수 있고, 내가 언제든 가공해서 사용할 수 있는 나의 지식이 되며, 더 심화한 내용을 학습할 때 스스로 이해하고 흡수할 수 있는 생각하는 힘이 자라기 때문입니다.

» 우리 아이는 지식을 어떻게 습득하고 있나?

교과서에 나오는 실험, 그래프 그리기 등 정작 중요한 활동들은 결과까지 요약 정리된 설명으로 듣거나 이미 누군가가 해놓은 결과만 보고 넘어갑니다. 실제로 하늘에서 태양이 높이 떴는지, 낮게 떴는지 관찰하는 경험도 전무해요. 이렇게 과학을 개념과 정의를 중심으로 배우다 보니 초등학교 때 배운 내용이 중·고등학교에 갈 때까지 머리에 남아 있는 경우는 거의 없습니다. 조금만 더 깊게 들어가서 이유를 설명하면 스스로 문장을 해석하고 머릿속에 구조화하거나 그림을 그리지 못합니다.

다음은 초등 6학년 2학기 교과서에 있는 설명입니다.

지구의 자전축이 공전 궤도면에 대하여 기울어진 채 태양 주위를 공전하면 지구의 위치에 따라 태양의 남중고도가 달라집니다. 만약에 지구의 자전축이 공전 궤도면에 수직이거나 지구가 태양 주위를 공전하지 않는다면 태양의 남중고도는 변하지 않을 것입니다. 따라서 계절이 변하는 까닭은 지구의 자전축이 공전 궤도면에 대하여 기울어진 채 태양 주위를 공전하기 때문입니다.

어렵지요. 엄마가 읽어도 무슨 말인지 바로 그림이 그려지지 않습니다. 이 문장을 이해하기 위해서는 자전축과 공전 궤도면이 무엇인지 알아야겠네요. 그리고 자전축이 공전 궤도면과 기울어졌다는 것이 어떤 상황인지 머릿속에 3차원 그림으로 그려져야 해요. 이제 지구가 태양 주위를 공전하는 모습을 떠올려봅니다. 태양을 중심으로 지구의 위치가 변할 때 남중고도가 왜 달라지는지도 상상이 되어야 합니다.

처음부터 쉽지는 않습니다. 위 문장을 천천히 읽고 곱씹어 생각해봐야 합니다. 고작 세 문장이지만 시간이 걸립니다. 어떤 아이들은 시간이 걸리더라도 끈질기게 생각해봅니다. 또 어떤 아이들은 무슨 말인지 생각해볼 여유 없이 설명을 듣습니다(위 문장을 곱씹어 이해할 만큼 생각하는 힘을 키우지 못한 것이지요).

위 내용을 짧게 요약해볼게요. 문제집에서는 이렇게 나옵니다.

계절이 생기는 이유는 지구의 자전축이 기울어진 상태로 태양 주위를 공전하고 있기 때문이다.

훨씬 쉬워졌습니다. 문제를 풀면서 배운 내용을 확인합니다. 계절이 생기는 이유가 무엇일까요? 학생들은 이렇게 답합니다. '지구의 자전축이 기울어져 있고, 태양 주위를 공전하기 때문이다.' 축하합니다. 답은 맞았어요. 그런데 정말 이해하고 답한 것인지, 아니면 요약된 내용을 외우기만 한 것인지 알 수 있을까요? 어떻게 공부했을 때 그 지식이 더 오래갈까요? 어떻게 공부해야 다음에 더 어려운 내용을 만났을 때 스스로 곱씹어서 해석할 수 있을까요? 제대로 이해하지 못해도 문제집은 다 맞을 수 있어요. 단순 암기 중심의 지식 경쟁 교육으로는 완전 학습을 확인할 수 없습니다.

우리 교육과정을 나선형 교육과정이라고 합니다. 초등학교에서 배운 내용에 더 살을 보태어 중학교 교육과정에 나옵니다. 고등학교에 가면 중학교에서 배운 내용이 더 넓고 깊어집니다. 같은 내용인데 심화한 문제가 나와요. 나선형으로 점점 확대됩니다. 당연하게 그 중심에는 초등 교육과정이 자리 잡고 있습니다.

완전 학습을 해야 한다고 말하면서 문제집을 다 맞으면 안심하고 빨리 다음 단계로 넘어갑니다. 문제집을 다 맞은 것으로는 완전 학습을 확인할 수 없습니다. 내용이 별거 없어 보일 때 더 질문하고 다음 단계로 발전시켜 생각하는 태도가 필요합니다. 초등교육에서 정말 중요한 것은 그때 배우고 있는 지식을 아는 것이 아닙니다. 그 지식을 어떻게 습득하고 있는지 배움에 대한 태도와 과정이 더 중요합니다.

| 제3장 |

중학교 과학이 어렵게 느껴지는 이유

» 직접 경험, 간접 경험이 주는 효과

"선생님, 정말로 중학생이 되는데 학원을 가지 않아도 괜찮을까요?"

평소에 꾸준히 독서를 다져왔지만 중학교에 가게 되면 슬슬 걱정이 되기 시작합니다. 학원을 가야 할지, 인강을 들어야 할지. 한 번도 시험을 치러본 적이 없으니 더 걱정이 앞섭니다. 엄마표 독서교육이 본격적으로 무너지는 시기이기도 하지요. 이미 엄마들 사이에 중학교 과학은 초등과는 달리 너무 어렵다는 소문이 나 있어요. 엄마가 봐도 외울 것도 많고, 어려운 것 같습니다. 맞아요. 중학교 과학은 초등에 비하면 내용이 방대합니다. 앞에서 소개한 것과 같이 초등에서는 자연을 관찰하고 탐구하며 끌어내는 과정이 많습니다. 그에 비하면 중학교 과학은 너무 많은 내용이 하늘에서 뚝 떨어지는 느낌이에요.

중학교 1학년에 나오는 첫 단원은 '암석'입니다. 세상에, 길거리를 가다가 발에 걸리는 돌이 어디에서 왔는지 관심을 가져본 적도 없는데, 암석의 종류며, 그 암석을 이루는 광물의 종류와 특징까지 외워야 합니다. 감람석, 각섬석, 휘석, 운모 등 처음 들어보는 광물의 이름이 줄줄 나오고요. 그들의 색깔이 무엇인지, 또 가루는 어떤 색인지, 굳기는 어떤지 등등의 성질까지 외워야 합니다. 그뿐인가요. 그런 광물로 이루어진 암석의 종류도 10가지가 넘게 나와요. 딱 봐도 '과학은 암기 과목이구나.' 하는 생각이 듭니다. 어른이 봐도 어렵고 특히나 재미가 없습니다. 이깟 돌을 왜 배워야 하는 거죠? 광물의 이름을 외워서 어디에 써먹을 수 있을까요? 어려운 건 둘째치고라도 이걸 왜 알아야 하는지 도통 모르겠습니다. 저도 학창 시절을 돌이켜 생각해보면, 아니, 중학교에서 과학을 가르쳤던 교사 시절에도 암석 단원이 가장 재미가 없었습니다.

'암석'은 왜 재미없고 지루하기만 한 걸까요? 중학생들을 가르치면서 암석 단원을 좋아하는 학생은 단 한 번도

본 적이 없습니다. 선입견을 지니고 지인에게 이런 말을 꺼냈습니다. "중학교 첫 단원이 암석이니 과학이 얼마나 재미없겠어요!" 그러자 지인은 깜짝 놀라며 의외의 반응을 보였어요.

"아이들이 돌을 싫어한다고요? 정말요? 우리 집 아들은 아직도 돌을 수집해오는데……."

그러고 보니 그래요. 저희 아들은 아주 어릴 때부터 바깥 놀이를 다녀오면 엄마에게 선물이라며 온갖 종류의 돌을 가지고 왔습니다. 주머니가 볼록, 가방 앞주머니가 볼록해지도록 돌을 주워 모았습니다. 제 눈에는 모두 똑같아 보이는데 아이 눈에는 모든 돌이 달라 보이는가 봅니다. 색도, 알갱이도, 쪼개진 모양도요. 아이는 자세히 관찰하고 제 눈에 이쁜 돌을 주워온 것이에요. 돌은 아이들에게 아주 친숙한 장난감이었던 셈입니다. 하지만 엄마의 반응은 그렇지 않죠. 왜 이런 필요 없는 걸 가져오나 싶습니다. 안타깝게도 점점 아이들은 '돌'과는 거리가 멀어져가고, 그것이 어디에서 왔는지 왜 내 옆에 있는지 궁금해하지 않습니다. 그리고 어느 날, 중학생이 되면 광물과 돌의 이름과 특징을 외워야 하는 '공부'가 되어버립니다.

온라인 수업 시간이었습니다. 과학을 좋아하고 호기심

이 가득한 학생이 있었습니다. 줌 수업 중에 갑자기 "선생님, 이게 뭐 같아요?"라면서 불투명한 초록색을 띤 돌을 보여주었습니다. 놀이터에서 주웠는데 혹시 '옥'이 아닐까 싶어서 아직 보관하고 있다고 했어요. 그날 수업에 참여한 아이들은 그 돌이 무엇인지 비슷한 암석을 찾느라 정신이 없었습니다. 한 학생의 질문 덕분에 세상에 비슷하지만 모두 같지 않은 다양한 암석이 있다는 것을 알게 되었고, 암석과 광물의 차이점까지 생각을 확장했습니다. 놀랍게도 이런 경험이 있는 아이들은 조금 딱딱한 과학 교과서를 마주하더라도 지루해하지 않습니다.

» 독서를 통한 간접 경험

돌을 만지고 관찰하는 것이 직접 경험이라면 간접 경험을 통해서도 '암석'의 즐거움을 느껴볼 수 있습니다. 『우리 땅 돌 이야기』(나무나무 펴냄)라는 책에서 이승배 지질박물관장은 모든 돌은 언제, 어디서, 어떻게 만들어져서 이 자리까지 오게 되었는지에 관한 긴 이야기를 품고 있다고 합니다. 마치 할머니가 들려주는 옛날이야기처럼 돌은 꼬리에 꼬리를 무는 지구의 옛날이야기를 품고 있습니다. 저자는 집 주변의 돌, 여행지의 흐르는 강물 옆의 돌, 산을 오르며 만나는 돌을 보며 과거 이 자리 지구에서 무슨 일이 일어났는지 생생하게 펼쳐 보여줍니다.

잠깐 책의 일부분을 읽어볼까요?

우리는 오히려 산이 아닌 주택단지에서 풍화되지 않은 싱싱한 호상편마암을 늘 보고 있다. 화단에 두르거나 비탈진 아파트 단지의 담벼락에 쓰이는 천연 바위들의 대부분이 바로 호상편마암이다. 예쁜 줄무늬 탓에 보기에도 좋을 뿐 아니라 아이들에게는 좋은 놀이터가 되기도 하는 정원석.

엄청난 압력을 받아 만들어진 호상편마암 속의 광물들은 자세히 들여다보면 모두 일정한 방향으로 늘어나 있거나 배열되어 있다.

그렇다면 풍화가 잘 된다는 호상편마암을 싱싱한 채로 떼어낼 수 있는 곳은 우리나라 어디에 있을까? 바로 땅 아래인 인공 채석장이다. 호상편마암은 우리 한반도 땅덩어리의 많은 부분을 차지하고 있다. 호상편마암의 노두들을 연구한 결과, 우리나라 대부분의 호상편마암들은 약 19억 년 전에 만들어졌다고 한다.

대륙들이 지금과 같은 모습으로 분포하기 전에 하나의 거대한 대륙으로 뭉쳐 있었고, 이 거대한 하나의 대륙을 판게아 초대륙이라 부른다는 사실은 비교적 널리 알려져 있다. 판게아 이전에도 땅은 계속 움직이고 있었기에 다른 모습의 초대륙이

몇 번 만들어졌는데, 약 21억 년 전부터 18억 년 전까지 뭉쳐 있던 초대륙은 컬럼비아라 부른다. 대륙들이 모이는 와중에 서로 밀면서 높은 압력과 열이 가해지고, 그 결과 편마암들이 만들어진 것이다. 이때 만들어진 편마암들은 한반도 땅덩어리의 근간을 이루고 있으며, 아주 좁은 몇몇 부분을 빼고는 우리나라에서 가장 오래된 바위인 셈이다.

- 『우리 땅 돌 이야기』 중에서

이 글에는 퇴적암, 화성암, 변성암이라는 3가지 암석 중 변성암에 대한 예시가 나와 있습니다. 변성암의 한 종류인 호상편마암을 우리는 주변에서 쉽게 관찰할 수 있습니다. 눈만 크게 뜨면요. 딱딱한 교과서에서 용어만 외우는 것이 아니라 집 밖에서 실제로 만져보고 관찰할 수 있다는 의미에요. 그 호상편마암이 언제 어떻게 만들어졌는지 설명하면서 과거 지구에서 일어난 대륙이동과 변성암이 만들어지는 조건까지 등장하지요. 중학교 1학년 과학에서 배우는 내용입니다.

아파트 단지 내를 걷다 보면 저자가 말한 호상편마암을 쉽게 볼 수 있습니다. 호상편마암은 우리에게 낯선 단어이지만, 저자의 설명을 듣고 나면 '아, 그 돌이구나!' 하고 떠오르는 줄무늬 돌이 있을 거예요. 그 돌은 19억 년 전에 만들여졌다고 해요. 19억 년 전이라니, 우리는 상상하기 힘든 숫자이지만 우리 놀이터의 그 돌은 19억 년 전의 지구 이야기를 간직하고 있습니다. 과학자들은 그 돌이 19억 년 전에 만들어졌다는 것은 어떻게 알게 되었을까요? 그 돌은 어떻게 19억 년 동안 사라지지 않고 남아 있었을까요? 19억 년 전에는 땅이 어떻게 생겼을까요?

제주도 만장굴에서 해설사분의 설명 중에 이런 이야기가 나왔습니다. "제주도가 만들어진 것은 고작 180만 년 전이에요. 그럼 우리 한반도는 언제 만들어졌을까요?" 제 얼굴에 미소가 지어졌습니다.

이 책을 읽고 난 후 아파트 놀이터에 나갔습니다. 화단에 있는 납작하고 넓은 돌 위에 올라가서 뛰어내리는 아이들을 보면서 19억 년 전의 지구가 떠올랐습니다. 당연히 그때도 이 돌은 지구에 존재했겠지. 무심하게 봐왔던 돌이 아주 의미 있게 눈에 들어옵니다. 이름을 불러주었더니 꽃이 되었다는 시처럼 관심을 두고 무늬를 들여다보게 되었습니다. 저자가 말한 줄무늬도 알갱이도 궁금합니다. 더 알고 싶은 마음이 생깁니다.

이 책은 저자가 여행을 하면서 만나는 돌에 숨은 이야기도 실려 있습니다. 그 이야기 속에는 저자의 추억과 함께 지구의 추억이 담겨 있습니다. '돌'과의 직접 경험, 간접 경험이 쌓인 아이들은 '암석' 단원이 그리 무섭지만은 않습니다.

중학교 과학이 어렵고 암기할 내용이 너무 많다고 걱정하기 전에 충분히 '관찰'하고 경험하고 있을까요?

» 과학자들이 했던 바로 그 질문이 출발선이다

중학교 2학년에 올라가면 학생들은 또다시 "과학이 너무 어려워졌어요!"라고 말합니다. 중학교 2학년 과학의 첫 단원은 '원자'예요. 이번에도 외울 내용이 너무 많습니다. 단 한 번도 '물질의 근원'에 대해 생각해보지 않았던 아이들에게 강제로 과거 과학자들의 '의문'이 주입되고, 원소, 원자, 분자라는 개념이 쏟아집니다. 어디 그뿐인가요. 원자들의 원소 기호를 겨우 외우고 넘어가면 그들이 어떻게 이온이 되는지가 나옵니다. 어떤 원소는 전자를 한 개 얻고, 어떤 원소는 전자를 두 개 얻어요. 또 어떤 경우는 전자를 두 개 잃기도 하지요. 그런데 이걸 모두 암기해야 합니다. 아직 중학교 수준에서는 왜 어떤 원소는 전자를 한 개 얻고, 어떤 원소는 전자를 두 개 잃는지 그 이유에 관해 설명하지 않기 때문이에요.

고대 그리스 과학자들은 세상을 이루는 기본 물질이 무엇인지 궁금해했습니다. 그들의 질문에 공감이 되나요?

'도대체 과학자들은 그런 것이 왜 궁금하지?'라는 새로운 의문이 먼저 떠오를 것 같습니다. 기본 물질이 뭘까요? 물체는 물질로 되어 있어요(물질과 물체는 초등 3학년에서 배우지만, 중학생들도 헷갈려 합니다). 가령 책상은 나무로 되어 있고, 컴퓨터는 철로 되어 있어요. 여기서 책상과 컴퓨터는 물체이고, 나무, 철은 물질입니다. 그렇다면 나무는 무엇으로 되어 있을까요? 철은 무엇으로 되어 있을까요? 또 물은, 공기는 무엇으로 되어 있을까요? 나무를 자르면 계속 나무일까요? 영원히 자르면 계속해서 잘릴까요? 이 질문에 대해 답할 수 있을까요?

고대 그리스 과학자들은 나무, 철, 물, 공기 등을 이루고 있는 기본 물질이 무엇인지 궁금해했습니다. 그들이 '원자'라는 개념을 찾기까지 다양한 생각들이 있었어요. 아리스토텔레스는 물, 불, 흙, 공기가 기본 물질이라고 생각했습니다. 물과 흙을 섞으면 새로운 물질이 생긴다는 의미입니다. 물은 아무리 쪼개도 물이라는 뜻이기도 하죠. 이것을 4원소설이라고 합니다.

정말 물, 불, 흙, 공기는 기본 물질일까요? 아니라면 이를 어떻게 증명할 수 있을까요? 물은 기본 물질이 아니라 산소와 수소로 되어 있다는 것, 공기 역시 기본 물질이 아니라 산소, 질소, 수소 등 기체가 모인 혼합물이라는 것이 밝혀지기까지는 아주 오랜 시간이 걸렸습니다. 불이 기본 물질이 아니라 에너지라는 것은 더 늦게 알게 되었습니다. 조진호 작가의 『아톰 익스프레스』(위즈덤하우스 펴냄)에서는 고대 그리스 과학자들의 '질문'이 무엇이었는지 설득하는 데만 수 페이지를 할애하고 있어요. 우리 교과서에서는 고작 한 문장인 것을요.

과학은 어느 날 갑자기 천재 과학자에 의해서 뚝딱 만들어지지 않았습니다. 과학자들의 질문이 있었고, 그 질문에 대해 여러 과학자가 오랫동안 고민했습니다. 진리를 알기 위해 수많은 아이디어를 쏟아내고 상상하고 토론하며 한 걸음씩 쌓아 올린 결과물입니다. 앞으로의 과학도 그렇게 발전할 거예요. 그 출발선은 질문입니다. 우리가 과학을 배우는 이유는 과학자들의 질문에 맞닿아 있습니다. '원자'라는 개념은 고대 그리스에서부터 시작된 질문에서 톰슨과 러더퍼드, 보어라는 과학자를 통해 지금은 '진리'라고 받아들여지고 있습니다. 그런데 우리는 반대로 배워요. 원자가 무엇인지, 분자와 이온이 무엇인지 그들이 만든 결과물을 먼저 배우고 여유가 생기면 보어의 원자 모형을 지나 러더퍼드, 톰슨으로 거슬러 올라갑니다. 그러니 과학이 재미있을 리가요.

혜진이는 과학을 아주 싫어하는 중학교 2학년 여학생이었습니다. 책을 많이 읽는 문학소녀였지만 지식도서는 매우 싫어했습니다. 당시 저는 과학에서도 독서가 중요하다고 생각했기 때문에 문제집이 아닌 과학책으로 수업을 하기로 했어요. 다행스럽게도 혜진이는 과학은 싫어했지만 책을 읽는 것에 대한 거부감은 없었습니다. 중학교 2학년 첫 단원에 들어가기 전에 먼저 『보어가 들려주는 원자 모형 이야기』(곽영직 글, 자음과모음 펴냄)를 함께 읽었습니다. 과학자들의 '질문'에 대한 이야기만 하다 보니 1차시 수업이 끝났습니다. 그렇게 천천히 책 한 권을 함께 읽고 난 후에 교과서 내용과 학교에서 받은 프린트물은 스스로 읽어보도록 했어요. 교과서와 문제집을 보는 시간은 많이 걸리지 않았습니다. 보어의 원자 모형에 적용하니 외워야 할 내용도 많지 않았고 문제집은 시험 전에 스스로 풀어보는 것으로 충분했습니다. 더 놀라운 일은 수행평가에서 벌어졌습니다. 수행평가에 이런 문제가 나왔습니다.

다음에 제시된 러더퍼드의 원자 모형과 보어의 원자 모형을 읽고, 1) 그 차이점을 설명하고, 2) 어느 모형이 더 적합한지 주장하라.

그 반에서 유일하게 혜진이만 답을 적었습니다. 과학을 둘러싼 역사와 이해를 바탕으로 했던 공부 덕분에 학교 시험은 물론 수행평가까지 높은 점수를 받을 수 있었습니다. 몇 년 뒤 고등학생이 된 혜진이에게서 연락이 왔습니다. 지금 『화학 1』을 배우고 있는데 그때 화학을 가장 잘 배웠던 것 같다고요.

» 말랑말랑한 이야기로 먼저 만나는 과학

요즘 초등학생들과 『오파린이 들려주는 생명의 기원 이야기』(차희영 글, 자음과모음 펴냄)라는 책으로 독서 수업을 하고 있었습니다. 책에는 "모든 생명은 어버이로부터 태어난다"라는 아주 당연한 이야기가 매우 놀라운 발견이라도 되는 것처럼 적혀 있습니다. 파리는 파리 알에서 태어나고, 수꽃과 암꽃이 만나서 씨를 만든다는 것은 너무나 당연한 이야기 아닌가요? 이 문장을 아이들은 어떻게 읽을까요?

과거 16세기 사람들은 요즘 유치원생도 아는 이 당연한 사실을 알지 못했습니다. 그들은 땅속에서 생물이 그냥 태어난다고 생각했어요. 생물속생설은 생물은 어버이로부터 태어난다는 것입니다. 우리가 알고 있는 그거예요. 자연발생설은 생물은 물이나 늪 같은 환경에서 우연히 생긴다는 주장입니다. 너무 어처구니가 없겠지만 당시에는 많은 과학자가 자연발생설을 주장했습니다. 우리가 잘 아는 아리스토텔레스도 늪에 비가 오면 뱀장어가 생긴다고 했고, 의사인 헬몬트는 더러운 셔츠를 두면 쥐가 생긴다고 생각했습니다. 그들의 생각을 이해할 수 있을까요?

  지난여름 저희 집 마당 텃밭에 가지 잎 도둑이 나타났습니다. 널찍한 가지 잎이 무성하게 자라고 있는데, 어느 날 갑자기 가지 잎에 구멍이 숭덩숭덩 나 있는 거예요. 범인은 초록풍뎅이였습니다. 저희 가족은 비상이 걸려 아침, 저녁으로 초록풍뎅이를 잡았습니다. 외출하는 길에 텃밭을 지나면서 가지 잎사귀를 살펴보았습니다. 그런데 신기하게도 초록풍뎅이를 잡고 또 잡아도 늘 다음 날 아침이면 수 마리의 풍뎅이가 잎사귀 뒷면에 숨어 있는 거예요. 100마리 넘게 잡았는데도 매일 아침 새로운 풍뎅이가 생겼습니다. 하루는 풍뎅이 담당인 첫째가 뛰어들어 오더니 아주 큰 발견이라도 한 것처럼 외쳤습니다.

  "엄마, 초록풍뎅이가 우리 밭에서 생기는 것 같아!"

  처음에는 어디 주변에 있는 밭에서 날아오는가 보다 했는데, 날이 갈수록 우리 잔디밭 속에서 쏟아져 나오는 것 같았습니다. 정말로 그냥 땅에서 생기는 것처럼 보였어요.

너무 많은 풍뎅이가 나타났거든요. 그해 가을, 아이들이 잔디밭에서 삽질을 하다가 애벌레를 만났습니다. 그 애벌레를 통에 넣고 키웠더니 다음 해에 초록풍뎅이가 되었습니다. 하하하. 정말로 땅에서 갑자기 나타나는 것처럼 보이던 풍뎅이는 땅속에서 알과 애벌레를 지나 어른벌레가 되었던 것이었어요.

여성 과학자 마리아 메리안은 곤충을 잡아 키우면서 관찰하고 기록하여 곤충은 흙에서 자연적으로 발생하는 것이 아님을 밝혀냅니다. 메리안은 우리가 초등 3학년 때 배우는 나비의 한살이 과정을 아름다운 그림으로 남겨둡니다. 그 당연한 사실이 인정받기까지도 험난했지요. 덕분에 과학자들은 자연발생설을 포기하고 생물속생설을 믿게 되었을까요? 아니요. 과학은 그렇게 쉽게 변하지 않습니다. 증거가 쌓이고 쌓여도 결정적인 증거가 나타날 때까지 흔들리지 않습니다. 이것이 과학입니다. 쿤은 과학혁명 구조로 과학 패러다임의 전환을 설명합니다. 그 후로도 한참 동안 자연발생설이 지지받았습니다.

"그래, 곤충과 동물은 어버이로부터 태어나. 하지만 미생물은 아니야. 미생물은 자연 발생하는 거야."라고 생각했지요.

자연발생설이 완전하게 무너진 것은 그로부터 200년이

지나 파스퇴르의 실험 덕분이었습니다. 파스퇴르는 어떤 실험으로 미생물도 자연 발생하는 것이 아니라는 것을 증명했을까요? 궁금하지 않으신가요?

소설 속의 인물들이 모두 연결되어 있듯이 과학 이야기도 그렇습니다. 오파린에서 시작했는데 어느새 쿤의 이야기를 듣고 있고, 또 과거 메리안을 스쳐 지났다가 파스퇴르까지 달려가기도 합니다. 그 속에는 용기 있는 여성의 이야기도 담겨 있고, 실험 과학이 자리 잡는 과정도 볼 수 있어요. 모든 일이 그렇습니다. 과학도 한 분야만 자라지 않아요. 여러 사람의 생각이 얽히고설켜 현대 과학을 만들어냈습니다. 딱딱한 문제집을 만나기 전에 말랑말랑한 이야기를 먼저 접한다면 과학이 조금 더 재미있지 않을까요?

PART II

생각공부 사이클
: 질문, 토론, 독서, 글쓰기

| 제1장 |

공부가 즐거워지는 비밀
: 질문, 토론

» '공부가 재밌다'에 숨겨진 비밀

"선생님, 과학을 세상에서 제일 싫어하던 아이였는데 이제는 과학 수업이 너무 재미있다면서 과학책만 읽어요."

"지금 가족 여행 중인데 과학 수업은 절대로 빠질 수 없다고 해서 일정 중간에 다시 호텔로 돌아왔어요. 과알못 아이의 변화가 놀라워요."

"영어 수업과 시간이 겹쳐서 과학은 그만두는 것이 어떻겠냐고 했는데, 아이가 절대로 안 된다네요. 과학 수업만큼은 꼭 해야 한대요."

"과학 수업을 듣고 난 후로 공부가 재미있어졌나 봐요.

배움 공책 정리도 아주 즐겁게 하고 있어요."

"과학 수업만 들었는데 사회 수업 시간에 글을 잘 쓰고 발표를 잘한다고 칭찬을 받았어요."

종종 이런 카톡을 받습니다. 특히 과학을 제일 싫어했다는 아이들의 극적인 변화가 가장 많습니다. 처음에는 저도 예의상 하는 말이 아닐까 생각했어요. 그런데 이런 후기를 계속 받다 보니 정말 궁금해졌습니다.

저는 친구들과도 시시콜콜한 일상이야기, 패션이니 드라마 이야기를 잘 하지 않는 재미없는 사람입니다. 수업 시간에는 오롯이 과학 이야기만으로 수업 시간을 채워나갑니다. 가끔은 이렇게까지 농담도 하지 않고 진지하게 수업만 해도 되나 싶을 정도예요. 온라인 수업이다 보니 이래저래 시간을 낭비하는 일도 없습니다. 그런데 도대체 아이들은 왜 공부가 재미있다고 느끼는 걸까요? 공부가 재미있어진다면 부모는 귀가 번쩍하겠지요. **저희 수업이 재미있는 이유는 두 가지입니다. 첫 번째 이유는 질문이고, 두 번째 이유는 토론 때문입니다.**

먼저, 질문에 대해 이야기하기 전에 '재미'라는 것을 살펴볼 필요가 있습니다.

> "6세 학부모님들의 압도적 후기"
> "즐겁게 ○○만 했는데 한글을 뗐네요."
> "하원 후 손 씻자마자 ○○부터 하네요."

첫째가 여섯 살 때 광고 문자를 받았습니다. 이 문자를 보는 순간 '즐겁게'라는 단어가 눈에 들어왔습니다. 이제는 '잘' 가르치는 것을 넘어서 '재밌게' 가르치는 것에 관심이 커졌어요. '재밌게' 가르치는 것 역시 선생님 혹은 프로그램의 역량이 되었습니다. 모두가 바라는 공부를 하는데 '재미'있어서 더 이상 아이와 씨름하지 않아도 된다면 얼마나 좋을까요. 반대로 생각해보면 정말 공부가 그토록 재미없는 것인지, 왜 우리는 아이들의 시선을 강제로 끌어당기기 위해서 온갖 오락적인 요소를 생각해내야 하는 것인지 슬퍼지기도 합니다.

저희 가족은 제주의 주택에 살고 있습니다. 저희 아들은 매일 저녁 잔디 마당에서 친구와 뛰어놀았습니다. 6살 여름 내내 밤이 깜깜해지도록 곤충 잡기를 하며 보냈습니다. 그런데 어느 날부터인가 가장 친한 친구가 "이제 공부해야 돼."라며 나오지 않거나 일찍 들어가는 거예요. 저희 아들은 "○○가 공부해야 한대."라며 시무룩하게 들어오곤 했습니다.

그 친구는 저에게도 문자가 왔던 그 학습지를 하고 있었습니다. 마침 무료 시범 수업을 받는 이벤트가 있어서 아이에게 보여주었더니 아이가 재미있다며 하고 싶어 해서 덜컥 시작했다고 해요. 대한민국에서 '한글'은 공부의 첫걸음이지요. 언제 어떻게 해낼지 은근히 걱정이 되는 학습을 아이가 스스로 하고 싶다고 말하니 얼마나 반가운가요. 2년 약정이라 중간에 해지할 수도 없었습니다. 하지만 그 이후 아이는 점점 흥미를 잃었고, 결국 엄마와 아이 사이에는 갈등이 생겼습니다. 엄마 입장에서는 "네가 한다고 해서 신청했는데, 왜 안 해!"라는 말이 나오고, 아이 입장에서는 부담스러운 학습만 남았습니다. 태블릿의 영상으로 시선을 쏙 빼놓는 재미난 학습지를 왜 거부하는 걸까요?

» 배움에 대한 내적 동기를 자극해야

중학교에 근무할 때였습니다. 한참 교실 수업에 컴퓨터가 도입되던 시기였습니다. 파워포인트라는 새로운 매체는 학생들의 눈길을 끌 만했습니다. '파워포인트를 활용한 수업'에 관한 교사 연수와 책이 쏟아져 나왔습니다. '와! 기술이 수업에 접목되다니.' 앞으로 공부는 저절로 되겠다며 교육의 혁신이 일어난 줄 알았습니다. 약간의 애니메이션과 소리 효과만 사용해도 학생들은 엄청나게 집중을 했습니다. 수업 시작 전 오늘은 화면에서 무엇이 나올까 궁금해했습니다.

과연 신기술은 교육 효과를 높일 수 있었을까요? 요즘 아이들이 PPT에 반응하지 않는다는 것만 생각해봐도 알 수 있겠군요. '아! 수업에 컴퓨터를 도입하니 이렇게 효과가 커지는구나.'라는 감동은 그리 오래가지 못했습니다. 학생들의 집중을 계속 잡아끌기 위해서는 더 많은, 더 새로운 애니메이션과 효과음을 사용해야 했습니다. 기술이 해결할 수 없는 문제라는 것을 알았습니다. 그동안 공부에 흥미가 없었던 것은 기술이 발달하지 못했기 때문이 아니었습니다. 앞으로 더 기술이 발달하더라도 같은 문제는 반복될 것이라는 생각이 들었습니다.

영상은 처음에는 재밌어 보입니다. 신선하니까요. 하지만 곧 그 영상의 자극 정도에 익숙해지게 되면 뇌는 싫증을 느낍니다. 학습용으로 제작된 영상은 아이들이 TV나 유튜브로 접하는 영상보다는 덜 자극적입니다. 일상적으로 더 자극적인 프로그램에 노출된 아이들은 한글을 가르치고자 하는 의도가 포함된 영상을 좋아할 리가 없어요. 아이들의 시선을 끌기 위해 점점 더 경쟁하듯 자극적인 환경에 노출시키는 것이 과연 바람직할까요?

진짜 이유는 따로 있습니다. **배움에 대한 내적 동기를 자극하지 못했기 때문입니다.** 분명 학습에 있어서 '흥미'와 '호기심'이라는 요소는 매우 중요합니다. 구성주의 교육관에서는 학습자의 흥미가 가장 중요하다고 말하죠. 그런데 여기서 '흥미'라는 것은 무엇일까요?

교사들은 수업 전에 수업지도안을 작성합니다. 수업 시간마다 작성할 수는 없지만 특별한 날, 그러니까 공개수업을 하거나 수업 연구, 시범 수업을 할 때는 꼭 수업지도안을 제출해야 합니다. 수업지도안에는 '도입'이라는 부분이 있어요. 수업이 시작되고 5~10분 정도 학생들의 흥미를 유발하는 시간입니다. **이때 '흥미'는 학습 내용에 대한 '호기심,' 즉 '궁금하다'고 느끼는 내적 동기를 말합니다.** 하지만 학습자의 내적 동기를 의미하는 흥미가 오락과 같은 흥미로 변질되면서 내적 동기가 아닌 외적 자극에 의한 동기로 생각하는 경우가 많습니다. 가령, 아이들의 시선을 끌기 위해 재미난 영상을 활용한다든지, 화려하고 조작적인 기술을 사용하는 경우입니다.

혹시 「세서미 스트리트」를 기억하시나요? 제가 초등학

교 1~2학년이었던 무렵, 저희 집은 복도식으로 된 아파트의 가장 끝 집이었습니다. 아침에 학교에 갈 때마다 옆집 친구네를 지나갔는데요, 친구는 늘 그 시간에 방송하던 「세서미 스트리트」를 보고 있었습니다. 저는 당시 텔레비전에 별로 관심이 없었던 터라 그 프로그램이 재밌는지 모르겠더라고요. 하지만 미국에서도 꽤 인기가 높은 프로그램이었죠. 『죽도록 즐기기』(굿인포메이션 펴냄)에서 닐 포스트먼은 학부모들이 「세서미 스트리트」를 아이들에게 보여줄 수밖에 없었던 세 가지 이유를 다음과 같이 설명합니다. 첫 번째, 아이들이 다른 텔레비전 프로그램을 보는 것보다 어린이용 프로그램이기 때문에 보여줘도 괜찮을 것 같다는 안도감이 들어 다소 마음이 편하다는 것, 두 번째로 다른 프로그램과 달리 텔레비전에서 무언가를 배우길 내심 기대했다는 것, 그리고 마지막으로 읽기를 가르쳐야 한다는 부담을 「세서미 스트리트」가 덜어준 것이라고 해요. 그렇게 교육적인 목적으로 선택했지만 닐 포스트먼은 결과적으로 '재미를 좇는 문화에 입장할 충분한 준비 기회를 제공했다.'고 표현합니다.

닐 포스트먼의 지적은 지금 시대에도 생각해봐야 할 문제입니다. **'즐겁게 배웠으면 좋겠다'는 '흥미'에 대한 잘못된 인식으로 아이들을 '재미를 좇는 문화'에 밀어 넣고 있**

는 것은 아닐까요?

그런데 잠깐, 반감이 들지 않나요? "그거야 알죠. 내적 동기가 있는 아이라면 얼마나 좋겠어! 하지만 공부가 어떻게 재미있을 수가 있죠? 그건 저희 집 아이가 아니라 특별한 아이들 이야기겠죠!" 혹은 너무 이상적인 교육이라는 생각이 들지 않나요? 정말로 영상매체나 관심거리를 사용하지 않고도 내적 동기를 일으킬 수 있을까요? 어떻게 내적 동기를 자극할 수 있을까요?

» 내적 동기의 출발 : 질문 만들기

"엄마, 호스를 자르면 물이 뚝뚝 떨어지는데, 전깃줄을 자르면 왜 전기가 떨어지지 않아?"

"엄마, 저기 새 좀 봐. 저기 전봇대에 새가 앉아 있어. 근데 새들은 왜 항상 저렇게 같은 줄에만 앉아 있을까?"

"강물은 안 짜운데 바닷물은 왜 짜워?"

저희 아들이 했던 질문입니다. 이제 일곱 살이 된 첫째는 말을 트기 시작했던 3살 무렵부터 정말 많은 질문을 해댔습니다. 저는 오히려 질문을 쏟아내는 아들의 모습이 신기했어요. 대체 아들은 왜 저런 것이 궁금한 걸까요? 아이의 질문에 답을 해줘야 했지만 세 살 아이에게 답해주기는 곤란한 것들이 많았습니다. 놀랍게도 고등학교에 가서 제대로 과학을 배워야 답을 찾을 수 있는 질문들도 많습니다 (저는 실제로 수업 시간에 아들의 질문을 활용하기도 해요).

어느 날 문득, 호기심 가득한 눈빛으로 진지하게 물어보는 아들을 보며 이런 생각이 들었습니다. '네가 그 질문을 고등학생이 될 때까지 가져가면 참 좋을 텐데……'

아이가 어렸을 때를 떠올려보세요. 아이들은 정말로 질문이 많습니다. 세상에서 경험하는 것들에 대해 쉬지 않고 물어봅니다. 그렇게 세상만사가 궁금하던 아이들은 점점 호기심을 잃어갑니다. 질문하는 횟수가 줄어듭니다.

"어릴 때는 과학을 좋아했는데, 점점 과학을 어려워하더라고요."

상담하다 보면 이런 말을 많이 듣습니다. 어쩌면 당연한 것 같기도 합니다. 아이들이 어릴 때 가장 관심을 두는 분야가 과학입니다. 세상의 모든 것은 과학이니까요. 그런데 점점 질문이 줄어드는 것과 함께 과학에 대한 흥미를 잃어갑니다.

왜 점점 과학에 대한, 배움에 대한 흥미를 잃어버릴까요? 어떻게 하면 잃어버린 흥미를 다시 살릴 수 있을까요?

초등학교 4학년 아이들과 멘델의 법칙에 관한 수업을

하고 있었습니다. 한 학생이 이런 질문을 했습니다.

"선생님, 그런데 식물은 어떻게 교배를 하나요?"

당연하게 '멘델의 법칙'에 대한 질문을 하겠지, 하고 생각하고 있던 저는 순간 머리를 한 대 맞은 것 같았습니다. 식물의 교배 방법이라니……. 생각하지도 못한, 너무나 중요한 질문이었습니다. 그동안 '멘델의 법칙'을 배웠던 학생들은 왜 이런 질문을 하지 않았는지가 더 이상해 보였습니다. 그저 완두콩이 자손을 낳은 결과에만 치중했던 겁니다.

멘델은 서로 다른 형질을 가진 완두콩을 교배하는 실험을 합니다. 순종 노란색 완두콩과 순종 초록색 완두콩을 교배하여 자손을 얻습니다. 식물이니까 자손의 수는 엄청나겠죠. 그렇게 태어난 수천 개의 완두콩을 직접 세어보고 분류하여 '멘델의 법칙'이라는 업적을 남겼습니다. 그런데 그 업적을 남기기 전에, 완두콩이 자손을 낳으려면 '교배'를 해야 하잖아요. 이 학생은 움직이지 못하는 식물이 어떻게 교배를 하는지 궁금해진 겁니다.

이 질문을 듣는 순간, 이것이 식물의 수정과 수분을 배우는 이유라는 생각이 들었습니다. 초등교육과정에서 식물의 교배 방법에 대해 배웁니다. 식물의 교배 과정에는 수분과 수정이 있어요. 저는 어릴 때 정말 생물을 싫어했습니다. 왜 '수분'이라는 것도 알아야 하고, '수정'이라는 것도 알아야 하는지 모르겠고, 공부할 양이 많다는 생각뿐이었습니다. 또 어떤 식물은 곤충이 수분을 도와주는 충매화이고 어떤 식물은 바람이 수분을 도와주는 풍매화인지 책상 앞에서 외우면서 정말 '암기'하기가 힘들었습니다. 그 의미에 대해 생각해본 적은 당연히 없었습니다.

사람은 여자와 남자가 있고, 동물은 암컷과 수컷이 있듯이 식물은 암술과 수술이 있다는 것. 사람과 동물은 스스로 움직여서 암수가 만날 수 있지만, 식물은 그렇지 못하다는 것. 그래서 다른 개체 혹은 자연의 도움이 필요하다는 것. 식물은 그 도움을 받기 위해 여러 방법을 모색하다가 바람의 힘을 빌리기도 하고, 곤충의 힘을 빌리기도 하고, 물의 힘, 새의 힘을 빌리기도 했다는 것. 동물의 수컷이 암컷에게 잘 보이기 위해 화려한 공작 꼬리를 가지게 된 것처럼 식물의 수술도 암술에 다가가기 위해 가벼워지거나 맛있는 꿀을 가지게 되었다는 것. 식물은 움직이지 못하기 때문에 도움을 받아서 가까이 가는 수분하는 과정과 진짜 교배가 일어나는 수정하는 과정도 있다는 것.

수정이나 수분이라는 어려운 용어는 알지 못해도, 충매화, 풍매화 따위의 용어를 외우지 못해도, 이렇게 식물도 교배를 하고 자손을 낳으며 세상을 살아갈 방법을 찾아왔다는 것을 발견하는 즐거움이 과학을 배우는 기쁨 아닐까 하는 생각이 들었습니다.

하지만 우리는 아이들의 그 즐거움을 빼앗아버렸습니다. 식물의 수술에 있는 화분이 암술의 암술머리에 옮겨붙는 것을 수분이라고 하고, 화분이 암술머리에서 씨방으로 내려가 밑씨와 만나는 것을 수정이라고 한다는 이 어려운 문장을 먼저 가르치면서요.

학습에서 '흥미'란 외적인 자극으로 재밌게 만드는 것이 아니라, 학습에 대한 호기심, 즉 내적 동기를 만들어주는 것입니다. **재미있게 배운다는 말은 과정이 재밌어야 한다는 것이 아니라, 배움의 즐거움을 깨달아야 한다는 뜻이에요.**

여기서 가장 중요한 역할을 하는 것은 '질문'입니다. 질문이 많다는 것은 내적 동기, 즉 호기심이 있다는 뜻이에요. 그런데 신기하게도 의도적으로 질문을 많이 하다 보면, 없던 호기심도 생깁니다.

» 질문 자체에 가치를 두어야

질문은 내가 정말 궁금하다는 착각을 일으킵니다. 제가 수업에서 가장 중요하게 다루는 부분은 '질문'입니다. 의도적으로 질문을 많이 만드는 연습을 합니다. 저학년일수록 이 과정을 좀 더 잘합니다. 처음에는 진짜 궁금하다기보다는 과제이기 때문에 그냥 합니다. 부모들이 많이 하는 실수 중 하나는 "어머, 이게 궁금하구나. 네가 찾아볼까? 해결해볼까?"라고 답을 재촉하는 것입니다. 아이들은 자신이 내뱉는 모든 질문에 똑같은 가치를 두지 않습니다. 그냥 무심결에 내뱉은 질문을 인터넷도 아니고 책에서 찾고 생각하며 답을 알아가는 과정을 자발적으로 하기란 매우 어렵지요.(뒤에 나오겠지만 질문에 답한다는 것은 굉장히 많은 생각을 요하는 일입니다. 인터넷에서 답을 찾는 과정과는 다르잖아요.)하지만 이름을 불러주면 더 친해지고 가까워지듯이 질문을 곱씹고 왜 궁금했는지를 생각하는 시간을 가지면 정말로 궁금해집니다. 그러기 위해서 질문만 가지고도 다양한 활동을 해요.

왜 이 질문이 궁금했는지 발표하기. 친구들 질문을 모두 읽고 그중에서 가장 마음에 드는 질문을 고르고 이유와 함께 발표하기. 좋은 질문에 댓글 달아주기. 질문에 대해 질문하기. 이런 활동을 거치면 신기하게도 자기가 힘들게 생각해서 작성해온 질문에 애착을 느끼고 뿌듯함과 자신감이 올라갑니다. 다음에는 더 잘하고 싶은 욕심도 생겨요. 그리고 이 질문은 토론 활동으로 이어집니다. 내가 무심결에 내뱉은 질문을 풀어나가면서 의미를 깨닫고, 이것이 학습으로 이어지는 아주 중요한 질문이었다는 것을 알게 되면 점점 더 즐거워집니다.

 다시 앞으로 돌아가 볼까요? 멘델의 법칙을 배우면서 '식물의 교배 방법'을 물어보았던 이야기는 어떻게 이어졌을까요? 왜 식물의 교배 방법이 궁금했는지, 그리고 왜 식물은 교배가 어려운지에 대해서 이야기를 나누었습니다. 먼저, '식물도 암수가 있을까?'라는 질문을 던지고 다양한 꽃들의 암술과 수술을 살펴보았어요. 암술과 수술이 한 꽃 안에 있는 예도 있고, 다른 꽃으로 나뉘어 있는 예도 있습니다. 그리고 은행나무처럼 암수의 나무가 다른 예도 있지요. 사진을 통해 각각의 암술과 수술을 살펴보고, 장단점을 비교해보았습니다. 이 과정에서 저는 사진 자료만 제공해주었을 뿐, 아이들이 각자의 생각과 추론으로 이야기를 발전시킵니다. 그리고 그다음 수업 내용으로 '수분과 수정'을 만났습니다. 어땠을까요? 무턱대고 수분이 무엇인지, 수정이 무엇인지 내용이 쏟아지는 경우와는 다른 경험이었습니다. 배우는 내용의 의미를 먼저 만났기 때문에 다음 수업은 지루한 암기 과목이 아니었습니다.

» 내적 동기의 완성 : 토론

 "와, 오늘 수업 엄청 재미있다!"

소설에는 긴장감이 고조되다가 사건이 해결되면서 카타르시스가 느껴지는 순간이 있습니다. 아주 시원한 감탄사를 내뱉는 학생의 모습에서 그런 카타르시스가 느껴졌어요. 그날은 열띤 토론 중이었습니다. 질문에 질문이 꼬리를 물고, 생각에 생각이 꼬리를 무느라 아이들의 얼굴이 빨갛게 상기되었습니다. 텐션이 너무 올라갔나 생각하던 중 한 아이가 속 깊은 곳에서 올라오는 감탄사를 내뱉으며 말했습니다.

"와, 오늘 수업 엄청 재미있다!"

그 한마디는 저에게 신선한 충격을 주었습니다. 사실 저는 너무 깊고 어려운 내용으로 빨려 들어가는 것 같아서 살짝 걱정하고 있었거든요. 그런데 그 과정이 너무 재미있다고 표현하는 것입니다. '공부가 재미있을 수도 있구나.'

아이들은 공부를 싫어하지 않습니다. 다만 여태까지의 공부 방법이 잘못되었을 뿐이에요. 인간은 원래 배움을 좋아합니다. 공부를 싫어하고 공부를 못해도 괜찮은 사람은 없어요. 그 아이가 과학을 아주 잘하는 영재이거나 공부 의욕이 매우 높은 아이는 아니었습니다. 그냥 대한민국의 평범한, 아주 평범한 학생이었습니다.

저희 수업이 재밌는 두 번째 이유는 **수업의 주체가 '교사'가 아니라 '아이들'이기 때문입니다.** 수업 시간에 가장 많은 이야기를 한 사람은 '교사'가 아니라 '아이들'일 때 가장 많이 배우고 가장 즐겁습니다. 저희는 토론 수업이기 때문에 수업 시간 내내 아이들은 '생각'해야 하고, 그 생각을 말로 '표현'해야 합니다. 교사의 개입은 적습니다. 간혹 제 욕심이 앞서 많이 가르쳐주고 싶은 마음에 말을 많이 하고 나면 아이들의 표정은 어둡습니다.

무슨 의미일까요? 믿기지 않겠지만 아이들은 주체적으로 배우고 싶어 합니다. '생각'하는 과정은 힘들지만 수동적으로 받아들이는 것보다 재미있습니다. 우리 뇌는 능동적으로 사고하도록 진화해왔습니다. 생각하고 표현하고, 무엇보다도 그 과정을 통해 새로운 사실을 발견하였을 때 아이들은 '수동적으로 배웠다'가 아니라 '내가 스스로 발견했다'는 경험을 하게 됩니다. 이때 배움의 즐거움을 느끼게 됩니다.

다음은 닐 포스트먼의 『죽도록 즐기기』의 일부입니다.

나아가 더 중요한 사실은 「세서미 스트리트」를 보고 아이들이 글자나 숫자를 배우는 여부는 완전히 핵심을 벗어난 문제라는 점이다. 이쯤에서 '배움에 있어서 가장 덜 중요한 부분은 교과 내용'이라는 존 듀이의 연구결과를 길잡이로 삼아보도록 하자. 듀이는 『경험과 교육』에서 이렇게 언급했다. "아마도 교육학에 있어서 가장 그릇된 믿음은, 그때 공부하고 있는 내용만을 배운다는 생각으로 보인다. 지속적으로 태도가 형성되는 과정에서 경험하는 2차적인 배움이…… 맞춤법이나 지리, 역사를 배우는 일보다 더욱 중요한 경우가 종종 있다. 이러한 태도야말로 근본적으로 미래를 결정하기 때문이다." 다시 말해 배움에 있어서 가장 중요한 점은 어떤 식으로 배우는가 하는 문제와 늘 관련된다. 듀이가 다른 데서 언급했듯이, 사람들은 행동하는 대로 체득한다. 텔레비전은 아이들로 하여금 TV 시청 때 유발되는 행동습관대로 행하도록 가르친다.

텔레비전은 지식에 대한 새로운 개념은 물론 이를 습득하는 방식까지 만들어내고 있다.

- 닐 포스트먼, 『죽도록 즐기기』 중에서

존 듀이는 '배움에 있어서 가장 덜 중요한 부분은 교과 내용'이라고 했습니다. 우리는 반대로 생각하죠. 배움에 있어서 가장 중요한 부분은 교과 내용이라고요. 그 과정은 아무래도 좋습니다. 아이들이 좋아할 만한 화려한 영상을 사용해서 자신이 지금 무엇을 하는지 느끼지 못하더라도 결과적으로 머리에 지식이 남아 있으면 됩니다. 문제집을 풀고 나면 게임 시간을 주겠다고 약속합니다. 과정이야 어찌 되었건 진도가 얼마만큼 나갔는지가 더 중요합니다. 과연 그럴까요?

우리 아이들은 '지속적으로 태도가 형성되는 과정'에 있어요. **배움에 대한 열의와 스스로 생각하고 사고하는 방법, 그 2차적인 배움이 지금 습득하고 있는 개념보다 더 중요합니다.** 앞으로 미래 사회는 더더욱 그렇겠지요. 지금 아이들이 유튜브를 보며 편하게 지식을 습득하고 있다면 그 지식만 배운 것이 아니라 '공부는 이렇게 편하게 보고 있으면 저절로 내 머릿속에 들어오는 거구나.'라는 태도까지 함께 형성하고 있는 것입니다.

독서전문가들은 하나같이 '편독'을 걱정하지 말라고 말합니다. 저도 같은 입장이에요. 아이들은 '편독'으로 한 영역의 지식만 습득하고 있는 것이 아니라, **독서를 통해 내가 알고 싶은 것을 배워가는 '배움의 방법'을 익히고 있는 중이거든요.** 이렇게 '배움의 방법'을 익힌 아이들은 다른 영역으로도 확장해나갑니다.

저는 전통적인 방법으로 과학을 배웠습니다. 제가 고등학교 때 담임 선생님이 늘 고민하셨죠. "어떻게 수학과 과학은 이렇게 상위권인데, 다른 과목은 바닥을 칠 수가 있지?" 저는 전형적인 이과생이라고 생각했습니다. 수학과 과학은 매우 잘했고, 다른 과목에는 전혀 흥미가 없었습니다. 성인이 될 때까지도 마찬가지였어요. 과학은 좋았지만 다른 것에는 전혀 관심이 없었고 어떻게 해야 하는지도 몰랐습니다. 그런데 제가 영재학교에서 근무한 계기로 책을 읽기 시작했습니다. 그때부터 새로운 과학에 접근하게 되었지요. 질문하고, 책을 찾고, 사색하고, 다른 선생님들의 의견을 물어 토론을 했습니다. 그제야 저는 배움에 대한 태도를 형성했던 것 같습니다. 이제는 다른 영역에도 관심이 많습니다. 불쑥 질문이 떠오르면 주저하지 않고 책을 찾아보고 사색하는 시간을 갖습니다. 이러한 방법은 제 인생에도, 제 일에도, 제 육아에도 확장되었습니다. 이제는 이분법적으로 사고하지 않습니다. 제가 못하는 영역이라고 지레 겁먹지도 않습니다. 지식으로서의 과학은 다른 영역으로 확장되지 않았지만, 과정으로서의 과학은 물고기 잡는 법을 알게 해주었습니다.

아이들도 마찬가지입니다. 신기하게도 과학으로 공부하는 즐거움을 맛본 아이들은 '과학'에서 흥미가 끝나는 것이 아니라 **'배움의 과정' 자체의 흥미를 알아갑니다.** 궁금해서 하나씩 알아가는 과정에서 경험한 성취감이 다른 분야까지 확장되어 어떤 방식으로 공부해야 하는지 그 방법을 깨우쳤기 때문에 자신감이 생깁니다. 그 반대도 마찬가지예요. 저희는 과학 수업을 하지만, 과학을 잘하고 단편적인 지식이 많은 아이보다 과학을 싫어하지만 소설책을 많이 읽은 아이가 더 잘 해냅니다. 왜 그럴까요? 후자는 이미 깊이 있는 독서로 어떻게 배워야 하는지 자신도 모르게 경험했기 때문입니다. 그동안 그냥 재미로 독서를 즐겼지만, 그 과정에서 앞으로 이야기가 어떻게 전개되는지 호기심을 가지고 하나씩 해결하는 맛을 보고, 또 생각을 정리하고 발전시키는 경험을 했어요. 자발적인 배움이 자연스럽게 일어나고 있었던 겁니다.

어떤 학문으로 시작해도 좋습니다. 저는 과학을 전공했기 때문에 과학을 이용하여 배움의 즐거움을 알려주고 있어요. 중요한 것은 아이들이 배우고 있는 것은 지식이 전부가 아니라는 점이에요. 아이들은 지식만 흡수하고 있는 것이 아니라, 그 지식을 어떤 방식으로 배우고 있는지 배움이 일어나는 과정도 함께 배우고 있는 중입니다. 그리고 그 과정이 더 중요하지요.

저는 첫 수업 오리엔테이션에서 항상 이런 말을 합니다.

"너희가 샘한테 배워가야 하는 건 과학지식이 아니야. 지식은 알고자 하면 책도, 좋은 강의도 얼마든지 있어. 간단하게는 인터넷을 검색해서 찾을 수도 있어. 너희가 진짜로 배워야 하는 것은 공부하는 방법이고, 과학자들처럼 생각하는 방법이야."

저는 다양한 학년의 수업을 하고 있지만 모든 수업의 목표는 같습니다. 배워야 하는 학습목표를 '교사'가 가르쳐주는 것이 아니라, 학생들이 스스로 '알고 싶다'는 생각이 들도록 만드는 것이에요. 참 어렵죠. 여전히 어렵습니다. 하지만 방법이 없진 않아요. 방법이 있다고 생각하면 방법을 찾을 수 있어요. 교사의 가장 중요한 임무는 배움이 즐거운 과정이 되도록 내적 동기를 이끌어내는 것입니다. 그러기 위해서는 방법이 있다고 생각하는 것이 가장 중요합니다. 간혹 수업 시간에는 슬프게도 자발적 의지가 없는 학생들이 있습니다. 그런 경우라도 가정에서는 아이가 부족한 것이 아니라 아직 기다려주지 못했기 때문이라고 이해하고 접근해주세요. 그래야 방법을 찾을 수 있습니다.

수업이 즐겁기 위해서는 교사인 제가 말을 줄여야 합니다. 가끔 더 가르치고 싶은 욕심이 앞서게 되면 저도 모르게 수업 목표를 높이고 줄줄줄 설명하고 있어요. 그런 날은 어김없이 아이들의 표정은 좋지 않습니다. 신나 하지 않아요. 재미가 없어 지루한 기색이 역력해요. 반대로 아이들에게 생각할 시간을 많이 주고, 아이들이 말할 수 있는 기회, 글을 쓸 수 있는 기회를 많이 준 날은 정작 저는 가르친 것이 별로 없는 것 같아 아쉬운데, 아이들은 너무 재미있다고 말합니다. 신나게 떠들었지만 분명 잡담은 아니었어요. 아이들은 놀지 않았고, 끊임없이 과학을 주제로 생각을 했고, 발표를 했고, 글을 썼습니다. 그런데 재미있다니요.

어쩌면 우리는 '배우고자 하는 학습 욕구'에 대해 아주 과소평가하고 있는지도 모릅니다. 우리가 학창 시절에 받았던 수업을 떠올려보면 너무 지루했어요. 선생님은 한 시간 내내 말하고, 학생은 가만히 앉아서 듣는 한 방향의 수업이었죠. 우리 자신도 모르게 '공부'는 '지겨운 것'이라고 정의 내리게 되었어요. 그리고 더불어 우리 아이들도 우리와 마찬가지로 '공부는 지겨운 것'으로 생각할 것이라고 섣부르게 판단합니다. 그러니 재빨리 재미있는 다른 활동들로 흥미를 줘야 한다는 생각으로 이어집니다.

그렇지 않아요. 아이들은 우리 생각보다 훨씬 더 배우고 싶어 하는지도 모릅니다. 다만, 너무 어릴 때부터 공부에 대한 잘못된 선입견이 생겼을 뿐이에요. 내적 동기가 생기기도 이전에 잘못된 방식으로 외적 동기만 자극받아 온 시간이 너무 길었습니다.

사람은 누구나 '배움'을 좋아합니다. '성장'하고 싶은 마음을 가지고 태어났어요. 다만 아이들마다 그 마음이 생기는 시기가 다르고, 지금 전혀 관심이 생기지 않았는데 학교 입학 전에 빨리 한글을 떼야 하는 마음, 남들보다 먼저 출발선에 서야 한다는 마음이 앞서 아이들의 마음이 보이지 않을 뿐입니다.

교사와 부모의 역할은 '재미있게 보이려고' 애쓰는 것이 아니라 '알고 싶다는 생각이 들도록' 이끌어주는 것입니다.

우물가에 있는 말이 스스로 물을 마시고 싶다는 생각이 들도록 하는 것.

그것이 교사와 부모의 역할입니다.

| 제2장 |

질문은 학습 역량의 핵심이다

» 질문으로 키우는 학습 역량 3가지

학습에서 '흥미'란 외적인 자극으로 재밌게 만드는 것이 아니라, 학습에 대한 호기심, 즉 내적 동기를 만들어주는 것입니다. 재미있게 배운다는 말은 과정이 재밌어야 한다는 것이 아니라, 배움의 즐거움을 깨달아야 한다는 뜻이에요. 외적 동기를 자극한다고 해서 자연스럽게 내적 동기가 생기진 않습니다. 하지만 외적 동기를 잘 활용하여 내적 동기를 만들 수 있는 방법이 있습니다. 가장 중요한 역할은 무엇일까요?

'질문'입니다. 먼저 질문이 많다는 것은 내적 동기, 즉 호기심이 있다는 뜻이에요. 반대로 의도적으로 질문을 많이 하다 보면 없던 호기심도 생길 수 있습니다. 질문의 중요성은 여기서 끝이 아닙니다. 저는 내적 동기를 활성화하기 위해 수업에 질문을 도입했습니다. 하지만 질문은 그 외에도 다양한 정보를 얻을 수 있습니다. 학생들의 이해 정도를 알 수 있습니다. 저희는 수업 전후에 시험을 치지 않습니다. 하지만 특별한 테스트가 있습니다. 바로 질문 노트입니다. 이는 수업을 어떻게 설계할 것인지, 또 학습 목표를 어디까지 설정할 것인지로 연결됩니다. 저희는 거꾸로 수업으로 수업 전 동영상 강의를 듣고 먼저 공부를 하고 난 후, 수업에서는 배운 지식으로 토론을 하며 활용하는 것에 초점을 두고 있어요. 그러다 보니 우선 수업 전에 어느 정도 내용을 이해하고 오는 것이 필요합니다. 그런데요, 독서 노트를 보면 '정말로 이해했는지'가 보이지 않습니다. 독서 노트의 질문들은 답만 작성하는 것이 아니라 설명을 하는 문항들입니다. 그러나 본인의 이해를 바탕으로 설명하지 않더라도 책을 찾으면 그럴듯하게 적을 수 있습니다. 온전하게 이해하지 않아도요(그래서 글쓰기가 중요한데, 글쓰기 방법은 제5장을 참고해주세요).

하지만 질문은 내가 이해한 내용, 아는 내용을 바탕으로 만들어집니다. 그렇기 때문에 질문을 보면 어느 단계까지 이해했는지를 알 수 있어요. 질문을 통해 그날의 수업 수준을 결정할 수 있고 어느 부분을 더 보충해야 하는지도 알 수 있으며, 심화할 방향을 제안해줄 수도 있습니다.

세 번째로 질문을 보면 논리력이 보입니다. 좋은 질문은 논리적입니다. '내가 A까지는 이해했어. 근데 내 생각에는 A라면 B여야 할 것 같은데 왜 B가 아니라 C인 거지?' 이런 논리나 인지 갈등이 담겨 있는 질문이 좋은 질문입니다.

다음은 초등 4학년의 질문이에요.

"지구의 내핵은 고체인데 지구의 외핵은 액체잖아요. 하지만 지구는 내부로 들어갈수록 온도가 높아지는데 왜 온도가 더 높은 내핵이 고체이고 온도가 낮은 외핵이 액체인가요?"

질문한 학생은 다음 두 가지 사실을 알고 있어요. 첫째, 지구의 내핵은 고체, 외핵은 액체로 되어 있다는 것. 둘째, 온도에 따라 액체에서 고체로 상태변화가 일어난다는 것. 그리고 자신이 알고 있는 지식으로 설명할 수 없는 현상이 '외핵보다 온도가 더 높은 내핵이 고체'라는 사실입니다. 이 질문으로 교사는 '이 학생이 어디까지 알고 있고, 왜 이런 질문을 하는지'를 알 수 있습니다. 그렇다면 이 학생에게 가르쳐야 하는 것은 무엇일까요?

실제로 내핵은 외핵보다 더 뜨겁지만 압력 때문에 내핵은 고체 상태이고 덜 뜨거운 외핵은 액체 상태예요. 즉, 이 학생이 아직 모르는 부분은 '압력도 상태변화에 영향을 미칠 수 있다'는 점이 되겠네요. 이 부분은 중학교 과학에 나오니 아직 접해보지 못한 것이 당연합니다. 중학생들도 어려워하는 부분이지만 그렇다고 초등학생이 이해하지 못할 영역은 아니에요. 이를 어떻게 풀어나갈 수 있는지는 다음 장에서 살펴보겠습니다.

이렇게 저는 사전 질문으로 1) 호기심을 일으키고, 2) 학습할 내용에 대한 이해도를 확인하며, 3) 학생들의 논리력을 평가합니다. 그런데 놀랍게도 2) 이해도와 3) 논리력은 좋은 질문으로 발전시키는 과정에서 향상될 수 있습니다. 아이들이 처음부터 좋은 질문을 내놓진 않습니다. 이걸로 무엇을 할 수 있을까 싶은 질문들을 써옵니다. 그 **질문을 더 발전시키는 과정에서 학습 내용에 대한 이해도가 높아지며, 논리적인 사고도 향상됩니다.** '도움이 된다' 정도가 아니라 매우 많이 향상됩니다.

» 제대로 질문하는 법을 가르쳐라

아이들이 처음부터 이렇게 좋은 질문을 하진 않습니다.

처음에는 자신이 모르는 것만 질문합니다. 예를 들어 "지구의 내핵은 왜 고체예요?"라고 묻는다면 우리는 이 질문을 통해 무엇을 알 수 있을까요? 우선 학생이 지구의 내핵이 고체라는 것은 알고 있다고 짐작할 수 있어요. 하지만 더 이상의 정보가 없지요. 내핵이 고체인 것이 왜 궁금한지, 왜 내핵이 고체인 것이 이상한지 어떤 생각으로 이런 질문을 했는지 알 수 없어요. 질문을 해결할 방법을 찾기 위해서는 후자가 더 중요합니다.

이런 습관은 우리가 제대로 질문하는 법을 배우지 않았기 때문에 생깁니다. 제가 학교에서 근무할 때 학생들은 모르는 문제가 생기면 질문을 하러 왔어요. 문제집을 가져와서 어려운 문제를 보여주고 이렇게 질문합니다. "선생님, 이 문제 모르겠어요." 그러면 교사는 이 문제를 어떻게 풀어야 하는지 처음부터 설명해주지요. 그런데 같은 문제를 가지고 오는 모든 학생의 이해도나 궁금한 부분이 같을까요? 도움을 주어야 할 해결책이 똑같을까요? 그렇지 않습니다. 질문하는 학생마다 이해도가 다를 테고 해결하지 못한 부분도 다를 겁니다. 그렇기 때문에 '내가 무엇을 모르는지'를 인지하는 것이 질문에서 중요한 부분입니다. 내가 무엇을 모르는지 모른 채 무작정 설명만 듣는다고 그 설명이 학생 머리에 들어갔을 리는 없습니다. 대부분 어떻게 풀어야 할지 크게 고민하지 않고 풀리지 않는 문제는 누군가의 도움을 받으려고 해요. 앞에서 소개한 지환이와 비슷하죠.

저희 아이들이 좋아하는 영어 노래가 있어요. 노래는 이렇게 시작합니다. "Do you like broccoli?" "Yes, I do." "Do you like icecream?" "Yes, I do." "Do you like broccoli icecream?" "No, I don't. yacky!" 마지막 'yacky'가 재밌어서 따라부르던 아이들은 금세 다른 음식들을 집어넣어서 패러디해서 부르기 시작했어요. 그러다가 첫째가 물었습니다. "엄마 포도는 영어로 뭐야?" 'grape'라고 가르쳐주었어요. 아이는 노래 가사를 바꿔 불렀어요. "Do you like grape?" 아이는 'grape'라는 단어를 알게 되었을까요? 아니요. 그 뒤로도 몇 번이나 포도가 영어로 무엇인지 물어보았습니다. 저는 몇 번이나 다시 가르쳐줬지만 아이의 머리에는 입력되지 않았어요.

아이들과 차로 이동할 때마다 재밌는 영어 노래를 종종 듣습니다. 간단한 영어 노래인데 영상 DVD와 노래 음원만 추출한 CD가 세트입니다. 영상을 절대 먼저 보여주진 않습니다. 차 안에서 노래로 먼저 듣습니다. 쉬운 노래이다 보니 곧잘 따라 부릅니다. 수십 번, 수백 번을 듣고 나면 정말 궁금해지는 부분이 생기나 봐요. 어느 날 "Rock, scissor, paper" 노래를 부르면서 "엄마, paper가 보자기(가위바위보에서)야?"라고 물었어요. 한 귀로 듣고 흘리던 저는 아무 의미 없이 듣고 있었지만 아이는 혼자서 무슨 노래인지를 상상하며 들었던 것이에요. 모르는 단어가 나와요. 그냥 수십 번을 따라 불렀어요. 익숙해지고 나니 그 뜻이 궁금해집니다. 딱 그럴 때 동영상 DVD를 사용합니다. 너무나 많이 따라 불러서 익숙해진 단어, 아주 오랫동안 뜻이 궁금하다고 생각했던 단어의 뜻을 그제야 알게 됩니다. 신기하게도 그렇게 익힌 표현은 절대 까먹지 않습니다. 뜻을 알기 전에 익숙해졌고, 너무너무 궁금해서 혼자서 무엇일까 상상했고, 그렇게 궁금하던 것을 알게 되었기 때문이겠지요.

제가 포도는 'grape'라고 아무리 알려줘도 돌아서면 까먹던 아이가, 왜 여기서 들은 단어들은 잊어버리지 않고 기억할 수 있을까요? 'grape'는 지식만 전달받았고, 후자는 단어를 먼저 익히고 혼자 상상하며 정말 궁금해했기 때문입니다. 내가 궁금한 것이 무엇인지 정확하게 아는 것, 내가 어디까지 이해했는지 아는 것은 후속 학습에 큰 영향을 미칩니다. 내가 모르는 문제를 풀어내려고 엄청나게 노력을 했는데, 안 풀리면 정말 답답하지요. "선생님! 제가 이렇게 이렇게 풀었거든요. 맞지 않나요? 대체 어디가 틀린 걸까요?" "선생님, A가 B잖아요. 이걸 이용해서 여기까지는 풀었어요. 그런데 이다음에 어떻게 해야 하는지 모르겠어요." "선생님, A가 B니까 제 생각에는 이 답이 되어야 할 것 같은데 왜 아닐까요?"라고 질문을 하는 것이 맞습니다.

스스로 생각해서 풀 수 있는 부분까지는 설명할 수 있어야 합니다. 혹은 답이 틀렸다면, 나는 왜 다른 답을 선택했는지에 대해 설명할 수 있어야 해요. 내가 알고 있는 것을 분명하게 인지해야 진짜 모르는 부분이 무엇인지 인지갈등을 느낄 수 있습니다. 그리고 그 인지갈등이 정말로 이상하고 궁금하다고 느껴져야 머리에 각인되는 배움이 일어납니다. 그래서 질문 만들기에도 연습이 필요합니다. **제대로 질문하는 연습은 메타인지를 키우는 방법입니다.**

» 질문에도 수준이 있다

물리를 가르치다 보면 같은 문제를 계속해서 질문하는 경우가 정말 많습니다. 모르는 문제를 해결하려는 마음만 급급하기 때문이에요. 배워도 뒤돌아서서 까먹는 이유는 지금 배우고 있는 내용이 내 마음에 와닿지 않아서예요. 정말로 궁금하지 않고 형식적으로 머리에만 스쳐 지나가 버렸습니다. 그래서 저는 질문에도 수준이 있다고 가르칩니다.

1단계는 단순 지식을 묻는 질문이에요. 가령 "이 문제 모르겠어요." 혹은 "격군이 무슨 뜻이에요?"처럼 용어의 의미를 묻는 질문입니다. 사전이나 책을 찾으면 쉽게 답을 얻을 수 있는 것들입니다.

2단계는 내가 알고 있는 것에서 더 나아간 질문이에요. "왜 A가 B일까요?" "왜 지구의 내핵은 고체일까요?"와 같은 질문이에요. 인터넷 검색으로 답을 구하기는 어려운 질문입니다. 하지만 이 문제를 해결하려면 더 구체화할 수 있도록 도움이 필요합니다.

3단계는 내가 무엇을 알고 무엇을 모르는지를 설명해주는 질문입니다. "A가 B인 걸로 아는데, 왜 여기서는 C일까요?" "지구의 외핵보다 내핵이 더 온도가 높은데, 왜 외핵은 액체이고 내핵은 고체일까요?" 이렇게 내가 해결하지 못하는 인지갈등을 느끼는 부분을 함께 설명해주는 질문이지요.

이렇게 질문하는 연습을 계속하게 합니다. 처음에는 질문하는 것 자체를 두려워해요. 도대체 무엇을 물어봐야 할지 모르기 때문입니다. 책에 있는 내용이나 강의를 들은 것은 다 알고 있다고 착각하는 경우도 많고요. 한편으로는 책에 나오는 내용을 질문하기엔 이해도를 들키는 것 같아서 부끄럽기도 합니다. 그러다가 매시간 질문의 개수를 정해주고 의무적으로 질문을 하게끔 하면 점점 좋은 질문이 나옵니다. 질문이 2단계로 넘어가기 시작하면, 3단계의 형식으로 표현하도록 지도를 해줍니다. 이때는 질문으로 다양한 활동을 합니다. 수업하는 친구들의 질문을 모두 모아놓고 읽어보기도 하고요. 친구들의 질문 중에 이해가 안 되는 부분 다시 질문하기, 왜 이 질문이 궁금했는지 생각하여 이유와 함께 말하기, 친구들 질문 중에 가장 좋은 질문 선택하기 등 답을 찾는 것이 아니라 질문에 대해 질문하는 과정을 거칩니다. 때론 질문 자체가 틀린 경우도 있어요. 이런 경우는 수정해서 바로잡습니다. 그제야 아이들은 자신의 질문이 명확하게 표현되지 않았다는 사실을 알아갑니다. **질문의 답을 찾기 전에 질문에 대한 생각을 먼저 다집니다.** 또한 이 과정에서 10개가 넘는 질문 중에서 내가 정말 궁금한 질문을 찾아가지요. 놀랍게도 이렇게 연습하고 나면 질문의 질도 높아지지만 수업을 한 것 이상으로 내용 이해도가 높아지고 논리적인 사고의 틀도 생깁니다.

» 질문 그 자체가 중요한 이유

이제 아이들이 질문을 쏟아냅니다. 질문의 질도 많이 좋아졌습니다. 이때 부모님들이 실수하는 것이 있습니다.

"선생님, 우리 아이는 질문은 많은데 스스로 찾아보지 않아요."

이런 질문을 하시는 경우가 꽤 있어요. 아이들이 질문을 작성했는데, 그 답을 전부 찾아보지 않는다는 겁니다. 질문이 생겼으면 반드시 해결해야 한다는 압박감이 생깁니다. 저희는 수업 시간 전 과제로 최소 3개 이상의 질문을 의무적으로 작성하도록 하는데요, 가끔 그 질문을 모두 선생님에게 물어보지 않았다고 혼나는 때도 있어요.

우선 아이들이 쏟아낸 모든 질문은 아이들이 애정을 가지고 궁금해하는 것은 아니라는 점을 알아야 합니다. 정말로 이걸 탐구하고 싶을 만큼 궁금하진 않아요. 놀이터에서 친구를 만났는데 그 친구가 궁금하려면 그 친구랑 온종일 놀아봐야 하지 않을까요?

아이들이 한 질문에 대한 답을 모두 찾아야 하는 것도 아닙니다. 답을 찾기 위해 질문하는 것이 아니라 호기심을 일으키기 위해 질문을 한다고 했잖아요. 이 질문의 답을 지금 찾을 수도 있지만, 세월이 흐른 후 혹은 우연히 읽은 책에서 찾을 수도 있습니다.

수업 시간에 이런 질문이 나왔어요. 그날은 혈액에 대해 배웠는데, 적혈구에는 핵이 없습니다.

"적혈구에 핵이 없다면 적혈구는 유전자가 없으니까 모

든 사람의 적혈구는 모두 똑같나요?"

아주 좋은 질문이지요. 이 질문을 보면서 '와, 왜 이런 생각을 못 해봤지?'라는 생각이 들었어요.

적혈구는 혈액세포 중 하나입니다. 혈액세포에는 적혈구, 백혈구, 혈소판이 있어요. 이 중에서 적혈구에는 핵이 없습니다. 백혈구에는 핵이 있어요. 모든 세포는 핵이 있거든요. 핵은 DNA라는 유전물질을 가지고 있습니다. 그러니까 우리 몸의 설계도를 가지고 있는 셈입니다. 적혈구에는 왜 핵이 없느냐는 질문은 많이 받았어요. 그런데 이 학생은 적혈구에 핵이 없다는 사실을 유전에서 배운 내용과 접목했어요.

이 학생은 다음과 같은 사실을 알고 있어요.

첫째, 모든 세포에는 핵이 있다.

둘째, 핵에는 유전 물질이 있다.

그리고 새로운 사실을 하나 더 배웠습니다. 셋째, 적혈구에는 핵이 없다.

이를 통해 다음 사실을 유추했어요. 넷째, 적혈구에는 핵이 없으니까 핵 속에 있는 유전자도 없을 것이다.

사람마다 다른 유전자를 가지고 있는데 적혈구에는 유전자가 없다면, 모든 사람의 적혈구는 똑같은 걸까? 하는 생각으로 발전했습니다. 여기서 제가 정말 칭찬해주고 싶었던 점은 적혈구에 핵이 없다는 사실을 그 전 시간에 배운 유전과 연결하여 생각했다는 점이었어요.

　선생님이 이에 대한 답을 바로 알려주는 것이 좋다고 말할 수 있을까요? 수업에서 이 질문에 대해 바로 해결하지는 못했습니다. 하지만 엄청나게 칭찬을 해주었죠. 너무 너무 좋은 질문이었거든요. 그리고 다음 책을 추천해주었습니다. 『WHAT? 줄기세포』(왓스쿨 펴냄)라는 책이에요. 이 책의 맨 뒷부분에 추가적인 보충으로 다음과 내용이 나와 있었습니다.

> 그런데 DNA는 세포핵에만 있는 것이 아니에요. 세포질 속의 미토콘드리아라는 기관에도 들어 있답니다. 따라서 세포핵을 제공한 동물과 그 세포핵으로 복제된 동물의 유전 정보는 완벽하게 똑같은 게 아니에요. 실제로 세계 최초로 복제된 고양이는 세포핵을 제공한 고양이와 외모나 성격이 조금 달랐다고 해요.
> - 『WHAT? 줄기세포』 중에서

　유전자는 핵에만 있는 것이 아니라 미토콘드리아에도 있다! 학생은 '아! 적혈구에 핵의 유전자는 없지만 미토콘드리아의 유전자는 있겠구나.'라고 새롭게 자신의 질문과 마주했습니다. 얼마나 뿌듯할까요(저도 정말 즐거웠거든요). 게다가 더 나아가 미토콘드리아에 있는 DNA 때문에 복제된 고양이가 원래 고양이와 다르다는 재미있는 사실까지 알게 되었습니다. 이제 그 학생에게는 이 책이 아주 의미 있고 재밌는 책이 될 것입니다. 질문을 오랫동안 간직했을수록 발견의 기쁨은 더 크겠죠.

이 내용은 또 다른 질문으로 확장할 수 있습니다. 왜 미토콘드리아에는 핵과 별개로 유전자가 있을까요? 우리 세포에는 또 유전자가 있는 다른 기관이 있을까요? 이 질문의 끝에는 '세포 공생설'이 존재합니다. 고등학교 『생물 2』에 나오는 내용이지만 초등학생들도 어렵지 않게 세포 공생설을 만났습니다.

질문은 예기치 않은 답을 만나고 또 다른 질문을 탄생시킵니다. 이것은 인간이 배움을 해나가는 과정입니다. 우리는 질문을 품고 하나씩 배워나가며, 하나씩 배워나갈 때마다 또 다른 질문을 마주합니다. 답보다 질문이 더 중요한 이유입니다. 만약 이런 질문을 하지 않았다면 같은 책을 읽었다 하더라도 똑같은 깨달음이 왔을까요? 아니요. 어쩌면 책의 맨 마지막 페이지에 있는 저 내용까 지는 손을 뻗지도 못하고 책을 덮었을지 모릅니다.

자, 준비가 끝났습니다. 다음은 질문의 답을 논리적으로 찾아가는 연습을 할 단계예요. 가끔은 아이들의 질문이 너무 좋아서 전율이 일 때도 있어요. "맞아. 왜 이런 생각을 못 했지? 이게 이렇게 이어지는구나!" 3단계 질문이 익숙해지면 그때는 그 질문을 해결하기 위해 어떻게 접근하면 좋을지에 대해 생각해봅니다. 좋은 질문은 검색해서 바로 답이 나오는 질문이 아닙니다. 단계적으로 사고할 수 있도록 이끌어주는 것이 부모와 교사의 역할입니다. 이때 독서와 토론을 활용합니다.

| 제3장 |

생각하는 공부
: 토론

» 과학을 토론으로 배운다고?

 과학은 정답이 있는 학문입니다. 그 정답은 언제든지 바뀔 수 있기 때문에 과학자들은 현재 과학이 진리라고 생각하진 않습니다. 하지만 어쨌든 교육과정에서는 지금 진리라고 인정하는 정상 과학을 배우고 있고, 우리가 배우는 과학에는 답이 있습니다. 그런데 무엇을 토론할까요?

 대학원에 다닐 때였어요. 양자역학 수업을 듣게 되었는데, 교수님의 수업 방식이 특이했습니다. 학생들은 팀별로 주제를 정해서 발표 준비를 해야 합니다. 수업 시간에는 그날 주제를 맡은 팀이 발표를 하고 다른 학생들은 그에 대해 질문을 합니다. 토론을 통해서 생각을 나누고 질문에 대한 답을 찾아갑니다. 가끔 토론은 점점 더 미궁으로 빠질 때도 있었습니다. 교수님은 그럴 때만 잠깐 개입하셔서 새로운 질문으로 방향을 잡아주셨습니다. 당시 저는 이렇게 생각했죠. '교수님은 답을 알고 계실 텐데 왜 가르쳐주지 않는 걸까? 과학은 답이 있잖아! 그걸 알려주시면 되지, 왜 우리를 이렇게 힘들게 하시는 거지?' 장작 3시간에 걸쳐 토론을 했습니다. 답을 알려주시면 편할 텐데 시간 낭비라는 생각이 들었습니다.

그 수업이 매우 효과적인 방식이라는 것, 제가 정말 값진 교육을 경험했다는 것을 뼈저리게 느끼게 된 것은 그 뒤로도 몇 년이 지나서였습니다. 우연이었을까요? 아니면 제 잠재의식 속에 그 수업이 남아 있었을까요? 대학원을 졸업하고 영재학교에 파견 교사로 근무하며 토론 수업을 시도했습니다. 영재학교에 근무했던 첫 일 년 동안 강의식 수업에 많이 지쳐 있었습니다. 다음 해 새롭게 시도했던 거꾸로 수업과 토론 수업은 교육을 새로운 시선으로 바라볼 수 있는 계기가 되었습니다. 너무나 즐거웠습니다. 당연하게 알고 있다고 생각했던 것에 계속 '왜?'라는 질문을 던지자, 내가 보지 못했던 관점이 양파 껍질 벗기듯 계속 나왔습니다. 매시간 고민하고 고민하며 토론 질문지를 만들었습니다. 질문의 요건은 다음과 같았습니다.

첫째, 선행 학습을 했다고 바로 풀 수 없을 것.

둘째, 물리가 어려운 학생들도 필요한 지식은 오픈북으로 책을 참고하면 논리적 추론으로 해결할 수 있을 것.

즉, 선행 학습의 정도와 무관하지만 원리를 제대로 이해해야 설명할 수 있는 문제들이었습니다. 어렵지 않지만 많이 놓치는 부분들을 질문지로 만들었습니다. 찬반 토론이 아니기 때문에 협력도 필요했어요. 같은 목표를 가지고 한 학생이 설명하면 그에 대해 반론을 제기하거나 생각을 더 보태어 답에 근접해갑니다. 서로 논리적으로 생각을 풀어내고 함께 답을 찾아갑니다. 답을 발견했을 때의 기쁨이란! 이 수업은 교사였던 저에게도 큰 의미가 있었습니다. 10년 동안 배워왔던 물리에서 새로운 즐거움을 발견하게 되었거든요.

그런데 한 가지 의문점이 생겼습니다. 당시 제 수업 환경은 최상이었습니다. 학생들은 똑똑했고, 무엇보다도 배움에 대한 열의가 있었습니다. '이 수업이 이렇게 효과적인 것은 학생들이 똑똑하기 때문일까? 일반 학생들과는 이런 수업이 불가능한 것일까?' 고민 끝에 그렇지 않다는 결론을 내렸습니다. 오히려 중학교 때의 성적 차이로 양질의 교육을 받을 수 없다는 것이 안타까웠습니다.

같은 방법의 수업을 전혀 준비되지 않은 초등학생들과 시도해왔습니다. 일반적으로 필요한 지식을 모두 배워야 이런 활동들이 가능하다고 생각합니다. 하지만 제 생각은 다릅니다. 사고하는 과정을 배우는 것은 지식을 배우는 것 이상으로 중요합니다. 필요한 지식은 책을 찾아볼 수 있고, 인터넷에 검색해볼 수도 있습니다. **그 지식을 활용하여 어떻게 문제를 해결할 수 있느냐가 배움의 핵심입니다.** 이제는 과학에서의 토론 활동이 얼마나 중요한지, 같은 방식으로 수업을 하시는 저희 선생님들과 가정에서 활용하여 효과를 보고 있는 부모님, 그리고 수업을 참여하는 학생들의 눈빛에서도 알 수 있습니다.

> 날이 갈수록 애들이 왜 이렇게 잘하지?
> 처음에는 어려운 문제에 낑낑거리더니
> 지금은 수월하게 풀어낸다.
> 아이들 스스로도 원리를 이해해나가면서
> 자신감을 가지고 뿌듯해한다.
>
> 회차가 거듭될수록
> 개념의 연결이 또 연결되고
> 그 안에서 깨닫는 기쁨을

> 나도 느끼고
> 아이들도 느끼는 것이 보인다.
>
> 아, 이 수업 정말 매력있다.

[출처]물리과학사 수업 너무 좋다.|작성자 과학스토리텔러 매리
https://blog.naver.com/harry12312/222875278299

> "선생님, 제가 아이에게
> '다니는 학원 중에서 어느 학원이 제일 좋아?'라고 물었더니
> 저희 아이가
> '당연히 물리과학사지.'라고 하더라고요.
> 그 이유를 물었더니
> '선생님, 친구들과 함께 답을 찾아가는 그 과정이 재미있어.'
> 라고 해요.
> 선생님께서 저희 아이가 생각하고,
> 공부할 수 있는 장을 열어주셨어요.
> 영재원 수업보다 나아요.
> 너무 감사해요."

[출처]어머님들의 피드백 [물리과학사]작성자 과학스토리텔러 매리
https://blog.naver.com/harry12312/222857846904

어떻게 공부가 즐거울 수 있을까요? 여기서 주목해야 할 점은 그 과정이 쉽지 않다는 것입니다. 아이들은 얼굴이 빨개질 정도로 상기되고, 머리를 쥐어짜며 고민합니다. 그런데도 그 과정이 재미있다고 표현합니다. 저는 수업을 하면 할수록 인간은 본능적으로 '배움을 좋아한다.'라고 믿게 되었습니다. 그동안 잘못된 공부로 지식을 강조하다 보니 즐거움이 사라진 것이지요.

하루는 저희 선생님의 수업 영상을 체크하고 있는데, 학생들의 표정과 눈빛이 계속 눈에 들어왔어요. 너무 신난 표정으로 얼굴 전체에 '재밌다'라고 적어놓은 것 같았어요. 공부하는 중인데 뭐가 저렇게 신나는 걸까요? 선생님 질문에 귀를 기울이더니 아리송한 표정을 짓습니다. 필요한 정보가 떠올랐는지 옆에 있는 참고도서를 부리나케 뒤적거립니다. 책을 넘기는 손놀림이 점점 빨라져요. 방금 찾은 내용에 이전에 배운 개념을 적용하고 연결하여 발표를 합니다. 힘든 여정이었나 봐요. 마치 등산을 하고 내려온 듯 얼굴에는 만족스러운 미소가 떠올랐습니다.

» 과학토론의 목적과 종류

답이 있는 과학을 어떻게 토론으로 접근하면 좋을까요? 이에 대해 저희 선생님께서 블로그에 너무나 잘 정리를 해주셔서 그 내용에 관해 소개하고 자세한 내용은 이 장의 마지막에 링크를 남겨두겠습니다.

과학토론이라고 하면 가장 많이 떠올리는 것이 찬반 토론입니다. 토론의 중요성이 강조되면서 과학 교과에 토론을 접목한 초창기에 이루어진 방식입니다. 주로 과학과 기술의 발전으로 인해 야기되는 윤리적인 문제를 다룹니다. 과학이라는 학문 자체는 가치 중립적이라고 볼 수 있습니다. 아인슈타인은 어떤 목적을 가지고 핵에너지의 원리를 연구한 것이 아닙니다. 하지만 아인슈타인의 상대성이론으로 원자폭탄을 만드는 데 성공했어요. 과학이 기술과 사회에 적용되면 환경이나 윤리적인 문제가 생깁니다. 상당히 많은 부분에서 과학은 가치와 충돌합니다. 이 문제의 해결책을 찾는 토론도 아주 중요합니다. 하지만 이 토론이 잘 이루어지기 위해서는 준비가 필요합니다. 과학 원리에 대해 깊이 있는 이해와 지식도 필요하지만, 사회적 이슈에 대해 알아야 하고 무엇보다도 자신의 가치관이 세워져 있어야 합니다. 꽤 높은 논리적 사고와 철학적인 사고까지 필요한 문제입니다.

두 번째로 소크라테스식 문답법이 있습니다. 선생님은 정답을 알고 있지만 답을 알려주는 것이 아니라 질문을 통해 학생들이 스스로 깨닫게 도와주는 방법입니다. 교사가 가이드를 해주기 때문에 원래 목적했던 지식뿐만 아니라 학생들이 가지고 있는 세세한 오개념까지 확인할 수 있다는 것이 장점입니다. 토론 중간에 논리에 어긋난 발언을 할 때가 있습니다. 그 내용이 이미 배운 내용이거나 토론 흐름에 중요한 내용이라면 잠시 멈추고 그에 대한 생각을 바로잡을 수 있는 질문을 던져줄 때 주로 이런 방법을 사용합니다.

마지막으로 저희가 주로 사용하는 토론은 가설을 설정하고 논리적인 근거를 찾아 정답을 추론하는 방법입니다. 과학자들이 하는 토론이라고 볼 수 있겠네요. 지금까지 알고 있는 지식으로 각자 의견을 내고 무엇이 논리적인지 생각하며 추론해내는 과정을 중요하게 여깁니다. 보통은 과학자들이 하는 방식이지만 정답을 모르는 동급생끼리의 토론에서도 가능합니다. 여기서 가장 중요한 것은 '논리적 추론'입니다. 자신이 알고 있는 지식과 경험에 비추어 의견을 제시하고, 다른 친구들은 그 내용이 논리적인지 아니면 설명할 수 없는 현상이 있는지를 생각하여 반론을 제기합니다. 이 과정에서 가설을 세우고 가설이 합당한지에 대해 논거를 찾습니다. 논리적 추론 능력을 키울 뿐 아니라 이론을 실생활에 적용, 해석하는 경험으로 다양한 관점에서 바라볼 수 있게 됩니다.

저희는 기본적으로 세 번째 토론을 바탕으로 하며, 토론이 흘러가는 방향을 교사가 가이드하는 두 번째 방법을 적절하게 함께 활용합니다. 더 자세한 이야기는 블로그 글을 첨부하고, 토론이 어떻게 진행되는지 실제 사례를 소개하겠습니다.

 과학 토론이란?

» 40분 토론 수업에서 얻은 '지식보다 중요한 것'

광합성에 관해 배웠던 날입니다. 한 학생이 이런 질문을 했습니다. "깊은 바다 식물도 광합성을 할까요?" 좋은 질문이에요. 마침 그날 배운 광합성을 이용해 다양한 관점을 적용할 수 있을 것 같아서 이 문제를 토론해보기로 했습니다. 그런데요. "아주 좋은 질문이야. 깊은 바다 식물도 광합성을 할까? 너는 어떻게 생각해?"라고만 물으면 답이 나올까요?

그렇지 않습니다. 아이들은 몰라서 질문을 했습니다. 그런데 뜬금없이 생각을 물어보면 답을 할 수가 없습니다. 우리는 질문을 '답'과 연결하려는 경향이 있어요. 질문에는 답이 있다고만 생각합니다. 질문의 답을 찾으려고만 노력하면 자연스럽게 초록 창에 검색하게 됩니다.

질문과 답 사이에는 답을 찾아가는 과정이 있습니다. 질문을 잘게 세분화하여 어떻게 접근해야 하는지 그 방법을 알려주는 것도 중요합니다. 저희는 수업에서 다양한 주제의 작은 프로젝트 과제를 내줍니다. 그중에서 친구들의 질문에 대해 답을 찾아 발표하는 '친구의 호기심 해결해주기' 프로젝트가 있어요. 종종 부모님들에게 연락이 옵니다. 도서관에서 왔는데 책을 찾을 수가 없다고요. 질문의 답을 책에서 찾기는 어렵습니다. 이때는 이 질문의 답을 추론하기 위해서 어떤 정보가 필요한지 먼저 생각해야 합니다. 이것을 과학자들은 '이론적 배경'이라고 합니다. 질문의 키워드가 되는 정보를 책에서 찾고, 질문의 답은 그 정보를 바탕으로 해석해냅니다. 그때는 '내 머리'를 써야 하는 거죠. 아이들이 질문을 했어요. 그 질문을 똑같이 되묻는 것이 아니라 질문에 어떻게 접근하면 좋을지 방향을 알려주세요.

이 과정을 위해서는 첫째, 학생이 알고 있는 것, 둘째, 학생이 모르고 있는 것을 파악해야 합니다.

'깊은 바다 식물도 광합성을 할까요?'라는 질문을 했어요. 이 학생은 광합성이 무엇인지, 광합성에 필요한 것이 무엇인지도 알고 있는 것 같습니다. 그렇다면 '깊은 바다에는 광합성에 필요한 빛과 이산화탄소가 있을까?'가 이 질문을 해결하는 실마리가 되겠네요. 깊은 바다에 광합성에 필요한 빛과 이산화탄소가 있는지 알아보고, 더 나아가 식물과 조류의 차이에 대한 방향으로 수업 목적을 두었습니다.

근거를 바탕으로 주장하기

교사 : 바다에 있는 식물이 광합성을 하기 위해 무엇이 필요할까요?

학생 : 이산화탄소요! 빛이요!

교사 : 그럼 먼저 이산화탄소를 생각해봅시다. 공기 중에는 이산화탄소가 있어요. 식물은 공기 중에 있는 이산화탄소를 들이마셔요. 그런데 바다에도 이산화탄소가 있을까요? 바다는 물로 되어 있는데 그사이에 기체인 이산화탄소가 있을까요?

학생 : 네, 있을 것 같아요.

바다는 물로 되어 있는데, 그사이에 기체인 이산화탄소

가 있을까? 하는 질문에 "있을 것 같다."고 답했습니다. 여기까지는 추측이에요. "네." "아니요."는 추측으로 말할 수 있지만 우리가 연습하는 것은 답만 찾는 것이 아니라 근거를 가지고 주장하는 것이죠. 그래서 다시 물었습니다.

교사 : 왜 있다고 생각해요? 물속에 이산화탄소가 있다는 것을 우리가 알 수 있는 방법이 있을까요?

한 학생이 말했습니다.

학생 : 물고기들은 바다에서 숨을 쉬잖아요. 물에는 산소가 있다고 들었어요. 그러니까 이산화탄소도 있을 것 같아요.

좋은 생각이에요. 물고기들은 물에서 숨을 쉰다는 사실을 통해 물에 기체가 녹을 수 있다는 것을 유추했고, 더 나아가 이산화탄소에 적용하여 이산화탄소도 물에 녹을 수 있다는 생각으로 이어졌습니다.

또 다른 학생이 말했습니다.

학생 : 우리가 먹는 탄산음료에는 이산화탄소가 있어요. 그러니까 물에도 이산화탄소가 들어갈 수 있어요.

이렇게 저희는 바다에도 식물의 광합성에 필요한 이산화탄소가 있다고 결론을 내렸습니다.

교사 : 그렇다면 바다에도 광합성에 필요한 빛이 있을까요?

바다에도 빛이 들어올까요? 이번에는 그렇다는 학생과 그렇지 않다는 학생으로 의견이 갈렸습니다. 자유롭게 자신의 이야기를 할 때는 조금 더 지켜보는 편입니다. 이제 '그렇다'고 말한 친구들은 바다에 빛이 들어간다는 주장의 근거를 찾아야 하고, 그렇지 않다고 말한 친구들은 바다에는 빛이 들어가지 않는다는 근거를 찾아야 합니다.

한 학생이 이렇게 말합니다.

학생 : 바다에 잠수하면 산호랑 물고기를 볼 수 있잖아. 그러니까 빛이 있는 것이 아닐까?

빛이 없다고 주장했던 학생들은 바로 꼬리를 내렸어요. 친구들의 주장에 동의하네요.

교사 : 그렇다면 빛은 어디까지 들어갈까요? 깊은 바다에도 빛이 있을까요?"

학생 : 아니에요. 심해는 어두우니까 빛이 들어가지 않을 거예요.

학생 : 얕은 바다에만 있을 것 같아요.

질문자는 '깊은 바다'라는 표현이 애매하다는 사실을 알았습니다. 그래서 저희는 심해와 얕은 바다로 나누어 생각해보기로 했습니다.

자료 제시와 그래프 분석

 아이들은 '볼 수 있는 것'을 기준으로 빛이 있는지 없는지를 판단했어요. 그래서 다음 자료를 제시했습니다.

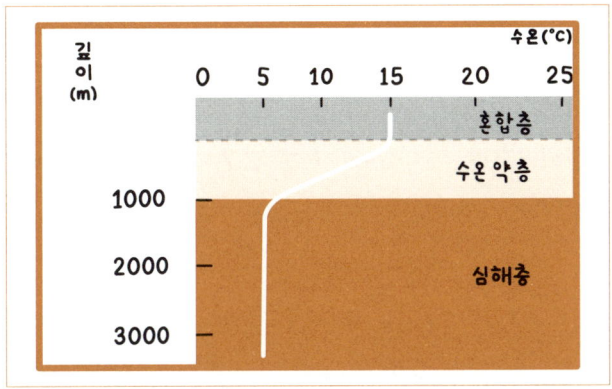

 교사 : 자, 이 그래프를 볼까요? 이 그래프는 바다의 깊이에 따른 온도 분포입니다. 깊이가 얕은 곳은 온도가 얼마인가요? 바다 깊은 심해층은 온도가 얼마인가요? 이 그래프로도 심해에는 빛이 들어가는지, 들어가지 않는지 알 수 있을까요?

 학생 : 우와. 5도가 안 돼. 얼어 죽겠다.

 아이들이 제일 먼저 본 것은 심해층의 수온이 0°C에 가깝다는 사실이었습니다.

학생 : 심해에는 빛이 안 들어가요. 햇빛이 들어가지 않으니 온도가 낮아요. 그런데 너무 추워서 심해에 들어가면 살 수가 없을 것 같은데요.

교사 : 정말? 추워서 살 수가 없을까? 여기 깊이가 1,000m에요. 우리 지난 시간에 압력에 대해 배웠는데, 수압이 어느 정도 될지 계산해볼까요?

학생 : 아! 101기압이에요. 와! 깔려 죽겠다.

심해에서는 추운 것보다 더 무시무시한 환경이 기다리고 있다는 것을 알고는 깜짝 놀랐습니다.

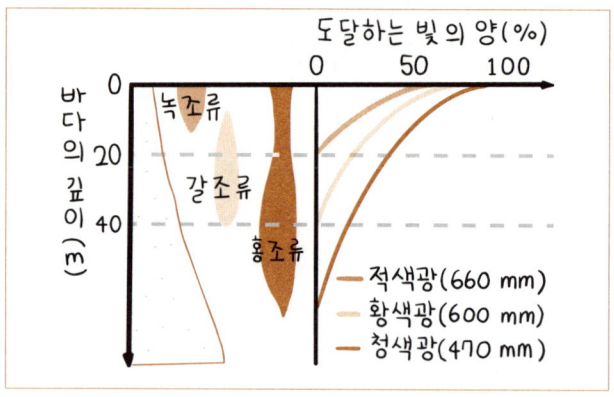

이쯤에서 또 다른 참고자료를 띄워주었습니다. 이 사진은 통합과학에 나오는 그래프로 햇빛이 바닷속 어느 정도

의 깊이까지 들어가는지 보여주고 있습니다. 바다의 깊이에 따라 도달하는 빛의 양이 다릅니다. 그런데 이때 빛의 색, 즉 파장에 따라서도 빛이 바다에 도달하는 양이 달라집니다. 아이들에게 이 그래프를 어떻게 해석하면 좋을지 질문했어요. 초등 5학년 아이들은 스스로 그래프를 해석합니다.

학생 1 : 청색광이 가장 깊이 들어가네요.

학생 2 : 빛의 색깔에 따라 바닷속에 들어갈 수 있는 정도가 달라요.

학생 3 : 바다 깊이 들어갈수록 빛의 양이 적어져요.

그런데 이때 중요한 질문이 나왔습니다.

학생 : 파란색 빛이 가장 깊이 들어가는데 왜 그곳에 사는 식물은 빨간색이에요?

너무 좋은 질문이죠. 그래프에는 파란색 빛이 들어가는 깊이에 홍조류가 산다고 나와 있습니다. 마침 교재 옆 부분에 홍조류가 무엇인지 설명되어 있어서 함께 읽어보았습니다.

'홍조류 : 엽록소와 홍조소가 있어 붉은색을 띠는 조류로, 김, 우뭇가사리 등이 있다.'

홍조소는 빨간색 색소입니다. 홍조류는 엽록소뿐만 아니라 빨간색 색소도 가지고 있지요. 색소를 가지고 있다는 것은 그 색을 반사하기 때문에 광합성에 사용하지 않는다는 뜻이에요. 엽록소는 초록색 색소이고 초록색 빛을 반사합니다. 즉, 녹색 식물은 초록색을 광합성에 사용하지 않아요. 홍조류는 빨간색도 광합성에 사용하지 않습니다. 그래프에서 40m보다 더 아래인 곳은 빨간색 빛이 들어가지 않네요. 어차피 홍조류는 빨간색을 광합성에 사용하지 않기 때문에 빨간빛이 없는 곳에서도 살아가는 데 문제가 없습니다.

이제 학생들은 첫째, 얕은 바다에는 이산화탄소와 빛이 있기 때문에 광합성이 가능하다는 것, 둘째, 얕은 바다는 깊이에 따라 들어가는 빛의 색이 달라지므로 식물의 색이 다르다는 것, 셋째, 바다에는 식물이 아니라 조류가 산다는 것을 알았습니다. 마지막으로 심해에는 빛이 없으니 광합성을 하는 식물이 살 수 없고, 다른 방법으로 생태계가 유지되어야 할 것 같다는 결론을 내렸습니다.

학생들이 배운 지식을 나열하고 보니 짧네요. 5분만 설명해주면 "아!" 하고 공부를 끝낼 수 있는 양입니다. 하지만 저희는 40분간 토론을 했고, 그 과정에서 지식보다 더 중요한 것을 얻었습니다.

» 질문을 스스로 해결했을 때의 짜릿한 즐거움

재미있지 않나요? 내친김에 한 가지 예시를 더 가져왔습니다.

"지구의 내핵은 고체인데 지구의 외핵은 액체잖아요. 지구는 내부로 들어갈수록 온도가 높아지는데 왜 온도가 더 높은 내핵이 고체이고 온도가 낮은 외핵이 액체인가요?"

앞에서 소개했던 질문입니다. 정말 놀라운 질문이에요. 지구의 내핵이 고체라는 사실은 중학교 때부터 고등학교 때까지 지구과학 시간에 중요한 사실로 등장합니다. 하지만 이런 질문을 받은 것은 처음입니다. 물론 저도 생각해보지 못했고요.

이렇게 질문한 학생은 우선 다음 두 가지 사실을 알고 있습니다. 첫째, 지구의 내핵은 고체, 외핵은 액체로 되어 있다는 것. 둘째, 온도에 따라 액체에서 고체로 상태변화가 일어난다는 것.

이 질문은 어떻게 접근하면 좋을까요? 우선 아이들에게 가능한 가설을 모두 세워보도록 했습니다.

가설 설정과 논증

첫 번째 가설은 '외핵과 내핵의 성분이 전혀 다르다'라는 것입니다. 외핵과 내핵이 다른 물질로 되어 있다면 물질의 녹는점이 다를 거예요. 온도가 더 높아도 고체 상태일 수 있습니다. 내핵의 성분은 녹는점이 매우 높고 외핵의 성분은 녹는점이 낮은 물질이라면 어떨까요? 아직 녹는점 개념이 헷갈릴 수 있어요. 이런 경우 수치를 대입하여 생각해보게 합니다.

교사 : 외핵은 녹는점이 3,000℃인 물질이고, 내핵은 녹는점이 6,000℃인 물질이에요. 그럼 무엇이 더 잘 녹을까요? 왜 그렇게 생각하나요?

이렇게 서로 다른 물질이라면 녹는점이 낮은 외핵은 잘 녹고, 녹는점이 높은 내핵은 녹지 않을 수 있어요. 그럼 확인해봅니다. 저는 학생들에게 질문을 그대로 인터넷에 검색하지 못하도록 합니다. 질문을 검색해서 답만 얻는다면 답 외에는 아무것도 얻을 수 없기 때문이에요. 하지만 질문을 해결하는 데 필요한 정보는 검색해보도록 합니다. 여기서는 외핵과 내핵의 성분에 대한 정보가 필요하겠군요. 각자 내핵과 외핵은 어떤 성분으로 되어 있는지, 큰 차이가 나는지에 대해 알아보도록 했습니다.

외핵과 내핵의 성분을 찾아보았더니 약간의 비율 차이

는 있지만 성분은 비슷합니다. 따라서 우리는 첫 번째 가설은 틀렸다고 결론 내렸습니다. 두 번째 가설은 내핵의 온도가 외핵의 온도보다 낮다는 것이에요. 만약 내핵은 3,000℃이고, 외핵은 5,000℃라면 당연히 외핵은 액체 상태가 될 겁니다. 그런데 이 가설은 제안하자마자 아이들이 아니라고 이구동성으로 외쳤습니다. 분명 내핵의 온도가 더 높습니다. 이건 확실한가 봅니다.

그렇다면 무엇 때문일까요? 온도 외에 또 다른 점이 내핵과 외핵의 상태변화에 영향을 미친다는 뜻입니다. 따라서 내핵과 외핵이 어떤 점이 다른지에 대해 찾아보기로 했습니다. 약간의 시간이 지난 후 학생들은 스스로 답에 접근해갑니다.

학생 : 압력이요. 내핵이 압력이 높아요.

잠깐의 침묵 끝에 다른 학생이 질문했습니다.

학생 : 앗! 선생님. 설마, 압력이 상태변화에 영향을 주나요?

브라보! 그 순간 제가 얼마나 짜릿했을까요? 감동이 밀려왔습니다. 스스로 이만큼을 간파했다면 아주 훌륭하지요. 다음으로 상평형 그래프를 제시해주었습니다. 초등 4학년 아이들에게 그냥 설명하자면 매우 어려운 내용이겠지만, 이미 아이들은 스스로 압력이 상태변화에 영향을 준다는 것을 깨달았고 더 나아가 궁금해하고 있었습니다. 흥미를 위해 1기압에서는 액체 상태가 존재하지 않는 이산화탄소의 상평형 그래프를 펼쳤습니다.

자료 제시와 그래프 분석

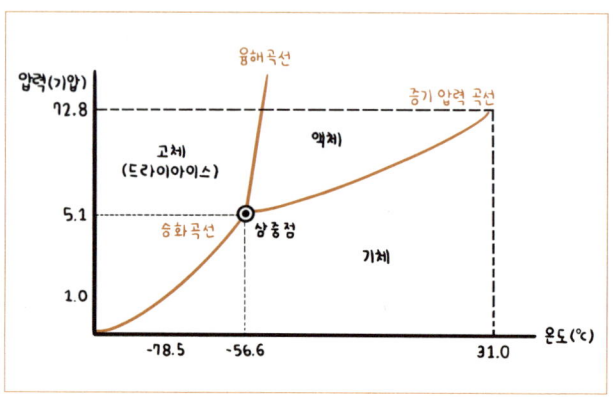

아직 그래프 보는 법이 익숙하지 않은 초등학생이라 그래프의 가로 선과 세로 선의 의미에 대해 물어보고, 해석하는 연습을 먼저 합니다. 온도가 일정한 세로 선을 그었습니다. -60℃, 1기압에서 이산화탄소는 기체로 존재합니다. 하지만 압력을 높여서 5기압쯤 되면? 이산화탄소는 기체가 아니라 고체가 됩니다. 온도가 일정하더라도 압력에 따라 상태가 달라지는 것이에요. 우리는 1기압에 살고 있기 때문에 액체 상태의 이산화탄소를 볼 수 없습니다. 고체 상태인 드라이아이스는 액체를 거치지 않고 기체가 되어 사라져버리죠. 몇 개의 예시 온도와 기압을 가지고 이산화탄소가 어떤 상태로 변하는지 연습을 해본 후에 이산화탄소를 액체로 만드는 방법에 대해 나누었습니다. 그래프를 충분히 가지고 논 다음에 다시 본 주제로 돌아옵니다.

교사 : 왜 지구의 내핵은 고체상태일까요?

학생 : 외핵보다 압력이 높아서 녹는점이 더 높아요. 그래서 아직 녹지 않았어요.

중학생들도 답하기 어려운 문제를 해결했습니다. 아이들이 똑똑해서가 아니에요. 본인에게 흥미로운 질문에서 출발하여 단계별로 스스로 생각하는 즐거움을 느꼈기 때문입니다. 이 과정이 아이들에게 수월했을까요? 아뇨. 학생들은 머리를 쥐어뜯고, 침묵이 흐르고, 얼굴이 빨갛게 상기되면서도 얼굴에는 미소가 피어납니다. 처음부터 산을 넘는 것은 어렵지만, 한 단계, 한 단계 계단을 올라가는 것은 할 수 있거든요. 계단을 하나씩 오를 때마다 성취감을 맛보았습니다.

앞에서 질문이 내적 동기의 출발점이라고 했습니다. 하지만 질문만 가지고 내적 동기가 지속되지는 않습니다. 질문을 스스로 해결했을 때, "유레카"를 외칠 수 있는 그 순간 배움의 짜릿한 즐거움을 경험합니다. 이런 것이 진짜 "공부가 즐겁다."라고 말할 수 있는 순간입니다.

| 제4장 |

과학과 독서의 관계

» 문해력은 교과 이해도를 좌우한다

몇 년 전, 초등학생들과 독서 수업을 시작했습니다. 저의 두 번째 책 『어린이를 위한 과학개념어 100』(이케이북 펴냄)을 출간할 때까지만 해도 요즘 아이들의 문해력에 대한 기대가 높은 편이었습니다. 책을 쓰기 위해 시장조사를 하던 중 초등학생들이 읽는 책의 수준이 높다는 사실에 놀랐습니다. 초등학생을 위한 과학책은 꽤 어려운 내용까지 다루고 있었고, 이 내용을 이해하기 위해서 당연히 연결되어야 하는 개념들까지 생각한다면 매우 높은 수준이었어요.

그 기대는 수업을 할 때마다 무너졌습니다. 수업 전에

워크지를 만들었어요. 책에 있는 내용을 물어보는 간단한 워크지가 아니었습니다. 책의 내용을 이해하고 난 뒤 생각하고 확장할 수 있는 깊이 있는 질문이었습니다(영재학교에서 했던 것처럼요). 수업을 시작했던 동네는 학업량이 많고 학구열이 높기로 유명한 곳이었습니다. 대부분의 학생들은 하루에 3~5개 이상의 학원에 다니고 있었습니다. 저는 당연히 아이들의 수준이 꽤 높을 것이라 예상했던 겁니다.

지한이는 초등학교 5학년이었습니다. 저와의 과학독서 수업 외에도 과학학원과 과학 실험학원, 논술학원, 정독학원을 다니고 있었습니다. 그런데 이상하게도 제가 준비한 워크지를 바탕으로 질문을 하면 전혀 입을 떼지 못했습니다. 앞뒤가 맞지 않는 생뚱맞은 이야기만 하는 겁니다. 질문의 수준을 낮추고 낮추다가 책에 있는 내용을 그대로 질문하는 것에 이르렀습니다.

다음과 같은 내용이 있는 부분이었어요.

뼈는 적혈구, 백혈구, 혈소판과 같은 혈액세포들을 만드는 공장 역할도 하고 있단다.
- 『똑똑한 우리 몸 설명서』(황근기 글, 살림어린이 펴냄) 중에서

"혈액세포에는 어떤 것이 있을까?"

머뭇머뭇 답하지 못하였습니다.

'그래, 기억을 못 할 수 있지.'

책을 한 번 읽었다고 해서 내용을 다 기억할 수 있는 것은 아니잖아요. 그래서 이번에는 책을 펼친 상태에서 다시 질문했습니다.

정확하게 위 문장을 손으로 짚어주며 물었습니다.

"혈액세포에는 어떤 것이 있을까?"

"백혈구는 어디에서 만들어지지?"

하지만 대답하지 못했습니다. 그 이후로도 비슷한 유형의 문제를 더 물었지만 제대로 된 답을 끌어내기 위해서는 더 많은 질문과 예시를 들어야만 했습니다. 그제야 왜 그동안 제가 준비해간 수업이 제대로 이루어지지 못했는지 알 수 있었습니다.

위 문장을 읽으면 바로 이런 생각이 떠오릅니다. '적혈구, 백혈구, 혈소판을 혈액세포라고 하는구나. 이런 혈액세포들은 뼈에서 만들어지는구나.'

적혈구, 백혈구, 혈소판이 무엇인지 모르더라도 혈액세포라고 한다는 것을 유추할 수 있습니다. 책을 읽을 때 가장 기본은 주어진 내용을 이해하는 것입니다. 물론 거기서 독서가 끝나는 것은 아니에요. 책을 잘 읽어내는 아이들은 이 내용을 정리함과 동시에 이런 질문들을 떠올립니다.

'왜 혈액세포는 뼈에서 만들까? 적혈구, 백혈구는 어떤 일을 할까? 세포가 무엇일까? 그 외에도 혈액세포가 있을까? 뼈에서 만들어진 혈액세포는 어떻게 혈관으로 이동할까?' 이런 질문들이 스스로 사고하는 학습의 출발점입니다. 책의 다음 내용에 이에 관한 이야기가 이어진다면 독서가 더 즐거워집니다. 글만 읽은 것이 아니라 질문을 던지고 그 답을 알아가는 능동적인 독서를 하게 되니까요. 책이 재미있는 이유입니다. 책은 유기적으로 쓰였기 때문에 자연스럽게 떠오르는 질문에 관한 내용이 다음 문단에 나올 가능성이 큽니다. 그렇지 않은 경우도 있지만 괜찮습니다. 모든 질문에 대한 답을 당장 찾을 수 있어야 하는 건 아닙니다. 지금 궁금하게 여겼던 것들을 다음에 또 다른 책에서 만나게 될 거예요. 혹은 관련 내용을 더 배우고 나면 어느 순간 '아!' 하면서 스스로 추론할 수도 있을 겁니다. 그것이 책을 읽는 즐거움이고, 배움의 즐거움입니다. 재미있는 책은 수동적으로 정보를 받아들이고 이해하는 것을 넘어서서 다른 연결고리를 떠올리고 질문할 수 있는 책이에요. 또한 그렇게 읽을 수 있는 책이 수준에 맞는 책입니다.

» 과학과 문해력의 상관관계

지한이를 만난 후 독서와 과학 능력 사이에 정말 상관관계가 있을까에 대해 관심이 생겼습니다. 스스로 읽고 핵심을 파악하지 못하면 당연히 과학 원리를 제대로 이해할 수 없을 것이라 생각했지만 이를 증명할 수 있는 방법을 찾고 싶었습니다. 그때 마침 지인이 갓 발간된 책을 추천해주었습니다. 최승필 저자의 『공부머리 독서법』(책구루 펴냄)이라는 책이었습니다. 그동안 제가 고민하고 시행착오를 거치며 결론 내렸던 사실들을 명쾌히 설명하고 있었습니다. 게다가 제가 고민하던 것을 어느 정도 해결할 수 있는 독서이해도 테스트라는 것이 공유되어 있었습니다.

그 당시 저와 과학 수업을 하던 아이들에게 모두 독서이해도 테스트를 풀어보도록 했습니다. 과학독서 토론 수업을 하고 있었지만 그중 일부 학생은 교과 과학 수업도 함께 받았습니다. 또한 저는 독서 수업을 통해 학생들의 문해력이 어느 정도인지 파악하고 있었습니다. 정말 신기한 결과가 나왔습니다. 제가 주목했던 부분은 다음 두 가지입니다.

먼저, 독서이해도 테스트 결과는 수업하면서 제가 예상했던 학생들의 문해력과 대부분(딱 한 명을 제외하고) 일치했습니다. 저의 주관적인 평가와 객관적인 수치가 들어맞은 셈입니다. 독서이해도 테스트가 어느 정도 신뢰성이 있다고 판단할 수 있었습니다.

수업에 참여한 학생들 가운데 딱 한 명이 제가 예상했던 것보다 훨씬 낮은 점수를 받았습니다. 영어책을 매우 좋아하고 영어독서 시간이 월등히 많던 여학생이었습니다. 영어책을 좋아하다 보니 책에 대한 문턱이 낮고 책을 읽던 습관이 있어 수업 시간에 질문하고 사고하는 것은 꽤 높은 수준이었지만 한글 문해력은 그에 비해 다소 떨어졌던 것이 아닐까 하고 추측했습니다.

두 번째, 교과 선행 수업을 전혀 무리 없이 따라가는 학생들의 문해력은 중학생 이상으로 나왔습니다. 원준이는 과학독서 수업과 중학교 교과 과학을 함께 듣던 초등 6학년이었습니다. 중1 하이탑으로 수업을 한 첫날, 어머니에게 이런 말씀을 드렸어요. "원준이는 스스로 하이탑 정도의 글을 읽고 이해하고 받아들이는 데 문제가 없어요. 벌써 걱정하며 수업을 받지 않아도 됩니다."

그 일이 있고 며칠 뒤 독서이해도 테스트를 보게 되었고, 원준이의 독서 수준은 중3으로 나왔습니다. 이미 중학교 3학년 수준의 문해력을 갖추었기 때문에 초등 6학년이 중학교 1학년 과학을 선행하는 데 아무런 무리가 없었던 것입니다. 또 원준이는 과학독서 수업에서도 두각을 나타냈습니다. 『과학자가 들려주는 과학 이야기』 시리즈를 읽고, 책의 내용에 대해 질문을 하면 막힘없이 답을 했습니다. 놀라운 마음에 "이 책, 몇 번 읽었어?"라고 물어보니, 며칠 전에 한 번, 그리고 그날 학교에서 후다닥 한 번 더 읽었다고 해요. 다른 친구들은 책을 이해하는 것 자체가 힘들어 헤매고 있는데 후루룩 읽고 책의 내용을 대부분 기억할 만큼 구조화를 시킬 수 있었다는 뜻입니다. 포토그래픽 메모리가 아닌 이상 책을 한 번 읽었다고 모든 내용을 기억할 수는 없습니다. 하지만 읽으면서 이해하고 머릿속에 구조화시킬 수 있다면 일정 부분 암기 효과도 있습니다. 우리도 어린이 도서를 읽으면 그 줄거리가 상세하게 기억이 남지만, 어려운 책은 주요 용어조차 제대로 기억하지 못하잖아요? 원준이를 보면서 과학 문해력이 과학 교과 수업을 하는데도 큰 영향을 미친다고 생각했습니다.

지우와 첫 수업을 했을 때의 감동은 아직도 기억하고 있습니다. 당시 지우는 중학교 1학년이었는데, 지우 어머니께서 『물리 1』과 『물리 2』 수업 상담을 오셨습니다. 저는 절대로 무리한 선행은 할 수가 없다고 했지요. 어머니는 시범 수업을 한 번만 해보고 아이가 이해를 못 하거나 조금이라도 힘들어하면 수업을 하지 않겠다고 하셨습니다. 그렇게 지우와의 수업이 시작되었습니다. 장장 3시간짜리 수업이었습니다. 첫날은 아리스토텔레스의 운동과 갈릴레이의 사고실험까지 이어지는 역사 이야기, 그리고 쿤의 과학혁명구조로 흘러갔습니다. 고등학생들에게도 어려운 내용인데 신기하게도 지우는 눈빛이 더 초롱초롱 빛나며 너무 재미있게 저와 생각을 주거니 받거니 했습니다. 수업에서 수식과 문제 풀이를 다루진 않았고 과학사에서 출발하여 질문 토론으로 이어졌어요. 수업을 마치고 지우가 집에 도착하기도 전에 어머니께서 전화를 하셨어요.

"아유, 죄송해요. 지우를 보내고 생각해보니 3시간 수업은 너무 긴 것 같더라고요. 제가 너무 욕심을 부렸나 봐요. 힘드셨죠?"

"별로 걱정하지 않으셔도 될 것 같아요. 지우가 들어오면 연락 주세요."라며 전화를 끊었습니다. 몇 분 지나지 않아 다시 전화벨이 울렸습니다.

"선생님, 지우가 방금 도착했는데요. 저는 너무 힘들어서 풀이 죽어서 들어올 줄 알았어요. 사실 수업 전에 다른 학원을 다녀와서 좀 힘든 상태였거든요. 그런데 물리 수업을 가기 전보다 더 신이 나서 흥분하며 들어오네요. 어떻게 이럴 수 있죠? 너무너무 재밌었다고 해요."

전화를 끊고 생각했습니다.

'이걸 재밌게 받아들이는 학생은 어떤 아이일까.'

며칠 뒤, 독서이해도 테스트를 했고 지우는 중학생임에도 불구하고 고등학생 이상의 수준으로, 이 테스트로는 측정이 불가하다는 결과가 나왔습니다.

다시 지한이 이야기로 돌아가 볼게요. 당시 지한이는 초등 5학년이었지만 독서 수준은 초등 3학년으로 나왔습니다. 초등 5학년 수준의 책을 이해하는 것도 어려운데 더 발전된 질문까지 했으니 힘들었던 것입니다.

저는 과학책 수업과 과학 교과 수업을 동시에 하며 학생들의 문해력과 과학 실력을 파악하고 있었고, 어느 정도 검증된 테스트를 거쳐 객관적으로 평가할 수 있었습니다. 과학 공부에 문해력이 큰 영향을 미친다고 확신하게 되었어요.

그 후 많은 학생을 만났습니다. 저희 수업에서는 암기를 강요하지 않습니다. 문제를 풀지도 않습니다. 열린 가능성을 두고 질문에 대해 서로 열띤 토론을 벌입니다. 토론에 필요한 지식은 책을 찾으면 나옵니다. 학생들이 스스로 문제를 발견하고(질문), 필요한 지식을 찾는 능력을 키우며(독서), 찾은 지식을 바탕으로 스스로 문제를 해결하는 역량을 키우는 것(토론)이 저희 교육의 목표입니다. 궁금하면 책을 찾고, 그 내용을 바탕으로 질문의 답을 끌어냅니다. 그 과정에서 다시 궁금한 것이 생기지요. 같은 주제의 책을 다양한 관점에서 접합니다. 질문과 독서와 토론이 서로 긍정적인 피드백이 되면서 자기주도적 학습의 틀이 만들어집니다.

» 과학책을 읽는 이유, 과학을 배우는 이유

요즘은 출판업계의 불경기라고 하죠. 그중에서도 특히 팔리지 않는 분야가 과학책입니다. 엄마가 읽어도 과학책은 어려워요. 그런데 과학책을 읽어야 할까요? 과학책은 지식도서잖아요. 정보 전달이 목적인 것 같습니다. 앞으로 미래 사회에서는 지식 자체가 중요할 것 같진 않아요. 그래서 인문학 붐이 일기도 했습니다. 그런데도 과학책을 읽어야 할까요?

과학책을 읽는 이유는 과학을 배우는 이유와 맞닿아 있을 것 같습니다. 그렇다면 과학을 배우는 이유는 무엇일까요?

교육과정에서는 과학을 배우는 목적을 다음과 같이 말합니다.

'과학의 기본 개념을 익히고, 과학 탐구 능력과 태도를 길러, 자연과 일상생활에서 접하는 현상을 과학적으로 이해하고, 민주 시민으로서 개인과 사회 문제를 과학적이고 창의적으로 해결하는 데 민주 시민으로서 참여하고 실천하는 과학적 소양을 기르기 위한 교과입니다.'

저는 첫 교사 발령을 중학교로 받았습니다. 희망을 가득 안고 원하던 교사가 되었는데, 정작 교사가 되고 나서는 내가 왜 교사가 된 것인가에 대해 고민을 가장 많이 했던 시기였습니다. 교사는 '잘 가르치면' 되는 일인 줄 알았어요. 아이들은 배우고자 하는 자발적인 의지, 잘 하고자 하는 의지가 있을 것이고 의지가 충만한 아이들에게 내가 알고 있는 지식을 잘 가르치기만 하면 되는 줄 알았습니다. 하지만 현실은 그리 녹록지 않았습니다.

학생들이 궁금해했던 것은 오목렌즈로 사물을 보면 사물이 작게 보인다는 사실이나 왜 작게 보이는지가 아니었습니다. 가장 많이 받았던 질문은 "도대체 과학을 왜 배워야 하느냐?"는 것이었어요. 당연히 그렇게 묻는 표정에는 "이런 쓸데없고 어렵기만 한 것을요!"라고 적혀 있었지요. 이 질문이 제 마음을 후벼 팠던 이유는 저도 당당하게 그 이유를 알려주지 못했기 때문이었습니다. 제가 그들을 설득할 수 있을 만큼 자신 있게 의견을 피력할 수 있었다면 즐거운 토론장이 되었을지도 모르겠습니다. 하지만 저도 과학교육과정 해설서에 있는 것처럼 "기본 소양이니까."

이상의 말을 하지 못했습니다. 사실 부끄러웠는지도 모르겠습니다. 저 역시 저 자신에게 계속 묻고 있었습니다. 공부에 손을 놓은 아이들이 왜 과학을 배워야 할까요. 그들에게 "이건 반드시 해야 하는 거라고. 배우지 않으면 네 인생은 실패하게 될 것"이라고 말해줄 수 있는 근거가 있을까요?

대학원을 마치고 고등학교로 옮겼습니다. 고등학교에서 물리를 가르칠 때는 또 다른 생각이 들기도 했습니다. 고등학생들은 중학생과는 달랐어요. 적어도 잘하고 싶은 마음은 있는 학생들이 많았습니다. 공부를 해야 하는 이유는 크게 와닿지 않지만, 하고 싶지는 않지만 그래도 '해야 한다'고 생각하는 학생들이었습니다. 특히 저희 반 아이들은 담임 선생님 과목인 물리에 많은 시간을 할애하여 공부했습니다. 그런데요, 물리란 과목은 도통 성적이 잘 오르지 않습니다. 단기간에 성적을 올릴 수 있는 과목이 아닙니다. 야자 시간에 물리책을 펼쳐놓고 있는 학생들을 보면서 문득 이런 생각이 들었습니다. '저 시간에 다른 과목을 공부하면 성적이 더 많이 오를텐데…….' 저 역시 '당연히 남자라면', '공대를 가려면', '좋은 대학을 가려면' 등등 성적 이상의 의미를 찾지 못했던 것 같습니다.

몇 년 뒤 호주로 캠핑카 여행을 가게 되었습니다. 주위에 밝은 불빛 하나 없던 캠프사이트라 어둠이 지고 나면 자는 것 외에는 아무런 활동을 할 수가 없었습니다. 잠시 화장실에 다녀오려고 나왔는데, 하늘을 보는 순간 그 아름다움에 심장이 멎을 뻔했습니다. 길게 펼쳐진 은하수가 눈에 들어왔고, 우주에 대한 궁금증이 솟구쳤습니다.

그때 저도 모르게 소리쳤습니다. "저기! 저 삼각형!" 그 많은 별 사이로 유난히 빛나는 세 개의 별이 보였습니다. '저게 바로 여름철 대삼각형인가 봐!' 10여 년 전 아이들을 가르치면서 알게 된, 아니, 나조차도 왜 이런 걸 외워야 하냐고 속으로 앓았던 세 개의 별이 그토록 감동적일 수 없었습니다. 문득 이런 생각이 들었습니다. '이런 경험을 먼저 쌓았다면 과학이 즐거웠을까? 과거 과학자들은 매일 밤 이런 밤하늘을 보면서 우주가 궁금했을까?' 어쩌면 과학이 재밌을 수도 있겠다 싶었습니다. 매일 밤 별을 바라보는 과학자들의 마음이 조금 이해가 된 밤이었습니다.

» 발견하는 재미를 알게 될 때 과학적 사고력은 쑥쑥 자란다

'왜 과학을 배워야 할까?'라는 질문은 꽤 오랫동안 저를 힘들게 했습니다. 솔직하게 말하면 교사로 지내는 내내 왜 과학을 배워야 하는지 답을 내릴 수가 없었습니다.

첫 번째 답은 초등학생들과 과학독서 토론 수업을 하면서 찾게 되었습니다. 처음 수업을 시작했을 때 제게 온 학생들은 과학을 좋아하는 아이들은 아니었습니다. 과학을 좋아하고 잘하며 싹이 보이는 학생들은 선행을 하러 갔지, 시간이 걸리는 독서 수업엔 오지 않았습니다. 하지만 감사하게도 과학은 좋아하지 않고 해본 적도 없지만 학습 정서가 망가지지 않았으며 가정에서 독서교육에 아주 신경을 써주신 아이들이었습니다.

그 아이들과 수업을 하면서 알게 되었습니다. **과학을 배우는 첫 번째 이유는 과학은 재미있기 때문이라는 것을요.** 여기서 재미라는 것은 오락 같은 재미가 아니라 뭔가 새로운 것을 알았을 때 "와, 그게 그런 거였어!" 하는 깨달음입니다. 경험이 떠오르거나 어떤 현상을 이해하게 되었을 때 절로 나오는 감탄사입니다. 이런 순간을 경험하는 것입니다. 머리가 뻥 뚫리는 느낌.

그런데 정말로 이런 경험이 쌓이다 보니 아이들은 과학이 재미있다고 느꼈습니다. 과학뿐만 아니라 모든 영역에서도 마찬가지겠지요. 새로운 것을 알게 되었을 때 그 지식이 기존 지식과 연결이 되면서 내가 스스로 무언가를 설명할 수 있게 된 기쁨이 있어요.

그렇다고 책을 읽은 모든 학생이 "우와, 이게 이렇게 연결되는 거였구나. 그럼 그때 그 현상도 이것 때문인가?"라며 '과학은 너무나 재미있는 것'이라고 느끼지는 않습니다. 스스로 이렇게 느끼는 깊이 있는 독서를 하는 경우는 매우 드물기 때문입니다. 그래서 앞서 말한 여러 가지 방법으로 수업 시간에는 이 내용의 어떤 포인트가 신기하고 재미있는 것인지 감동을 느낄 수 있도록 밑밥 까는 작업에 시간과 공을 많이 들입니다.

새로운 것을 알았을 때 내적 동기와 연결되어 신기하고 재밌다고 느끼는 아이들은 어떤 아이들일까요? 문해력이 좋은 아이들이에요. 과학이 아니더라도 책을 많이 읽고 그 속에 몰입해 본 경험이 있는 아이들입니다. 기본적으로 내용이 이해가 되어야 신기하다는 생각이 들고, 과학이 들려주는 이야기 전개 속에 빠져야 '이 이야기가 이걸 알려주는 거구나.' 하고 연결할 수 있기 때문이에요. 비 오는 날 차가 달리는데 물방울이 거꾸로 올라갑니다. 신기할까요, 안 신기할까요? 모든 물체는 하늘에서 땅으로 떨어진다는 것을 아는 사람만 신기해요. 모든 물체가 하늘에서 땅으로 떨어지는 게 아니라면 거꾸로 올라가는 것이 신기하게 느껴질 리가 없지요.

과학을 배우는 두 번째 이유는 과학을 배우는 과정에서

과학적 사고력이 자라기 때문입니다. 과학을 배우는 목적이 과학적 사고력을 키우기 위함이라면 과학적 사고력은 어떻게 키울 수 있을까요?

먼저 이런 질문을 해볼게요. 과학 개념을 많이 안다고 해서 과학적 사고력이 더 좋다고 말할 수 있을까요? 그렇진 않습니다. (물론 개념이 필요 없다는 뜻은 아닙니다. 기존 지식이 있어야 다른 지식과 연결할 힘이 생기므로 과학지식을 많이 가지고 있을수록 활용할 수 있는 재료가 많은 셈입니다.)

손바닥을 펼쳐보세요. 내 손 위에 무엇이 있을까요? 공기가 있습니다. 공기는 따뜻해지면 위로 올라가요. 그런데 왜 따뜻한 공기는 올라가고 차가운 공기는 내려올까요? 초등 3~4학년 정도면 따뜻한 공기는 위로 올라가고 차가운 공기는 내려가는 대류 현상에 대해 알고 있습니다. 차가운 물에 파란색 잉크를, 따뜻한 물에는 **빨간색 잉크를** 타고 차가운 물이 든 비커 위에 따뜻한 물을 올려두면 두 물은 섞이지 않습니다. 색깔층이 뚜렷하게 나타나요. 하지만 반대로 따뜻한 물이 든 비커를 아래에 두고 차가운 물이 든 비커를 그 위에 얹으면 두 물은 곧 섞여요.

"그러면 왜 따뜻한 공기는 올라가고 차가운 공기는 내려올까요?"라고 질문을 했더니 한 아이가 이렇게 답합니다.

"대류 때문에요."

따뜻한 공기가 올라가고 차가운 공기가 내려오는 것을 대류라고 하는 것이지, 그 이유가 대류인 건 아닙니다. 과학에는 원인과 결과, 또는 주장과 그 근거가 있습니다. 그 논리 관계를 따져서 설명할 수 있는 것이 과학적 사고력입니다. 그런데 이 과학적 사고력은 단편적인 과학지식을 많이 안다고 해서 생기지는 않습니다. **그 지식들을 연결하는 과정에서 생겨요. 지식을 배워가는 과정에서 생깁니다.** 그래서 지식보다 중요한 것은 배워가는 과정이에요. '얼마만큼 많이 알게 되었니?'라는 결과보다 '어떤 과정을 통해서 그 지식들을 배우게 되었니?' 하는, 즉 배움의 과정이 더 중요합니다.

과학책을 읽으면서 이런 논리 관계를 배울 수 있습니다. 과학은 어디에서부터 출발할까요? 과학자들의 고민에서부터 출발합니다. 과학자들은 무엇이 궁금해서 이런 연구를 시작하게 된 걸까요? 과학자들은 궁금한 것들을 어떻게 해결했을까요? 그 과정을 따라가다 보면 과학 공부를 통해 얻고자 하는 과학의 탐구 방법, 과학적 사고력이 자랍니다.

이것이 과학책을 읽는 이유입니다. 그러니까 과학도 책이 중요한 것은 다양한 지식이 담겨 있기 때문이 아니라,

그 속에 나오는 이야기를 따라가며 과학에서 배우고자 하는 능력, 즉 문제를 발견하는 능력, 변인통제 능력, 실험을 설계하는 능력, 실패를 결과로 보는 능력, 논리적으로 추론하는 능력, 관계를 파악하는 능력을 키울 수 있기 때문입니다.

» 과학자들의 연구 방법을 배우는 독서

다음은 『반트호프가 들려주는 삼투압 이야기』(송은영 글, 자음과모음 펴냄)의 일부분입니다. 삼투압은 고등학교 화학에서 잠깐 등장하지만, 그 전에도 여러 책이나 교과서에서 접할 수 있는 용어에요. 용어는 낯설지만 삼투압의 원리는 그리 어렵지 않습니다. 초등 고학년이면 이해하고 적용할 수 있어요. 하지만 이내 잊어버리죠. 이 책에서는 삼투압을 어떻게 설명하고 있을까요?

이런 문제 제기로부터 시작합니다.

물을 주면 식물이 활력을 되찾는다는 것은 인류가 오래전부터 경험적으로 익히 알고 있는 사실입니다. 그러나 19세기 후반까지도 이에 대한 명확한 원인을 논리적이고 합리적인 설명으로 명쾌히 풀어내지 못하였습니다.
- 『반트호프가 들려주는 삼투압 이야기』 중에서

시들어가는 식물에 물을 주면 다시 생생하게 살아나는 것을 경험해보지 못한 경우는 없을 거예요. 하지만 우리는 "왜 그렇지?"라는 생각을 해보았을까요? 당연하다고 생각했겠지요. 그 당연한 것에 질문을 던진 과학자가 있었습니다. "식물에 물을 주면 왜 다시 생생하게 살아나는 걸까?"라고요.

그렇다면 과학자들은 이 질문에 어떻게 답을 찾아갔을까요? 이 '어떻게'라는 질문은 매우 중요합니다. 아이들이 궁금한 것이 생겨 질문을 던졌을 때 그 질문을 해결하기 위해 어떻게 접근해야 하는지 생각해볼 수 있기 때문이에요.

과학자들도 마찬가지입니다. 질문에 대한 답을 바로 떠올릴 수는 없습니다. 어떤 질문에 대한 답이 떠오른다는 것은 이미 알고 있었던 지식이니까요. 하지만 과학자들은 어떻게 접근해야 할지 고민하고 기존 지식을 바탕으로 사고실험을 합니다.

이 책에서는 페퍼의 사고실험에 대해 소개하고 있습니다. 페퍼가 알고 있던 사실은 '식물은 세포로 되어 있다는 것'이고, 페퍼의 추론은 '물이 세포로 들어갔기 때문에 싱싱해진다.'입니다. 하지만 페퍼는 또다시 의문을 가져요. 그렇다면 물은 어떻게 세포 안으로 들어갔을까? 어떤 힘이 있는 것일까? 어떤 원리로 물이 세포막을 통과해 가는 걸까요?

이 질문에 대해 답을 찾기 위해 페퍼는 실험을 고안합니다. 우선, 식물이 시들었을 때와 식물이 생생할 때 세포에 어떤 차이가 있을 것이라고 가정하였습니다(가설입니다). 가설을 확인하기 위해 실험을 하죠. 같은 식물을 여러 개 준비하여 물을 주지 않고 시들게 만듭니다. 시든 식물의 절반에는 물을 주고, 나머지는 그대로 방치해 둡니다.

실험을 설계할 때는 이렇게 두 가지 경우를 나누어 실험하고 서로 비교해봅니다. 이것을 대조군 설정이라고 해요. 똑같이 시든 식물로 만들었습니다. 그리고 절반은 물을 주었고, 절반은 물을 주지 않았어요. 이것이 변인입니다. 두 경우 모두 똑같이 시든 식물을 사용했어요. 실험에 영향을 주는 요인을 일정하게 맞추는 것을 **변인통제**라고 해요. 그리고 한쪽은 물을 주었고 다른 한쪽은 물을 주지 않았어요. 이것이 **조작변인**입니다. 페퍼는 시든 식물에 물을 줘서 다시 생생해진 식물의 세포와 시든 세포 사이에 어떤 차이가 있을 것이라고 예상했지만 그 차이를 찾지 못했습니다(여기서 양쪽 식물 세포의 구조가 **종속변인**이겠네요). 변인은 실험에서 아주 중요한 부분이라고 강조했어요. 이것을 알고 책을 읽으면 책 속에서도 그 과정을 배울 수 있습니다.

그런데 그는 실험에 실패했습니다. 과연 실패일까요? 그렇지 않습니다. 왜냐하면 식물이 물을 끌어 올리는 힘은 식물 세포의 구조 때문이 아니라는 결과를 얻었으니까요. 페퍼는 또다시 사고실험을 하고, 이 책에는 페퍼가 어떤 사고실험을 통해 다음 가설을 설정하고 실험을 설계하였는지가 자세하게 나옵니다.

우리 아이들이 과학 실험을 하는 상황을 떠올려볼까요? 우선, 대부분의 실험은 아이들의 문제의식에서 출발하지 않습니다. 내가 궁금한 것을 해결한다기보다는 과학에 관심을 가지기 위해 재밌는 실험을 부모나 교사가 제시해주는 실험입니다. 그리고 실험 과정이 A부터 Z까지 정해져 있습니다. 어느 정도의 양을 사용해야 하는지, 어느 정도 시간을 기다려야 하는지, 어떤 실험기구를 사용해서 어떻게 연결해야 하는지가 자세하게 나와 있고 그대로 따라 하면 되는 실험입니다. 물론 이 실험이 필요 없고 나쁘다는 것은 아닙니다. 하지만 실험을 그대로 따라 하기만 해서는 과학적 사고력을 얻기 어려울지도 모릅니다.

정해진 실험 방법을 따라 하면 실험은 늘 성공합니다. 어느 부분이 잘못되었는지, 어느 부분이 영향을 주었는지, 나의 가설이 왜 틀렸는지 알지 못해요. 스스로 가설을 세우고 실험을 설계하고 실패를 통해 결론을 도출하고, 결과를 해석해보는 과정들이 진짜 과학을 하며 과학적으로 사고하는 방법을 키워나가는 길입니다. 이 출발선은 질문입니다.

정해진 실험을 따라 하는 것은 완제품 레고의 설명서를 보면서 그대로 조립하는 것과 다르지 않지요. 물론 아이들에게 레고 부품을 주면서 "알아서 만들어봐."라고 하면 어려울 수 있어요. 레고 설명서를 보면서 만들다 보면 필요한 스킬들을 익힐 수 있겠죠. 하지만 레고 설명서만 보고 만드는 것이 결코 창의력을 높이는 방법은 아닐 겁니다. 레고의 목적은 내가 상상한 세상을 스스로 설계하고 세워보는 것이니까요. 설명서를 보고 조립하는 과정은 누군가가 만들어놓은 것을 그대로 재현하는 것이 아니라, 그 속에서 방법과 응용력을 익히는 과정이 되어야 합니다.

마찬가지예요. 과학 실험을 하면서 왜 이런 실험을 설계했고, 이 실험의 결과는 어떻게 예측이 되는지 생각하면서 내가 주도하는 실험에 적용할 수 있는 능력을 키우는 시간이 되어야 할 겁니다.

이 책은 그런 과정이 드러나 있습니다. 이런 점들을 미리 알고 있다면 책을 읽으면서도 페퍼의 실험을 능동적으로 따라갈 수 있어요. 무엇을 알아냈는지 결과만 보고 덮는 것이 아니라 어떻게 알아냈는지 그 과정을 따라가며 읽습니다.

페퍼는 '혹시 세포막이 물이나 다른 물질들의 출입을 조절하는 것이 아닐까?'라고 가설을 세웁니다. '세포막이 어떤 특수한 성질을 가지고 있는 것일까?'라는 가설을 확인하는 실험을 설계합니다. 그리고 이 실험을 통해 세포막은 반투과성 막이라는 것과 삼투압 현상에 대해 알게 되었습니다.

『반트호프가 들려주는 삼투압 이야기』에서는 페퍼의 사고실험을 통해 삼투압의 원리를 설명합니다. 그 이후 이 삼투압의 원리로 설명할 수 있는 다양한 현상들에 관해 설명하고 있어요. 삼투압이 무엇인지 정의만 설명을 듣고 넘어가는 것과는 다릅니다. 더 나아가 식물 세포의 세포벽이 얼마나 중요한 일을 하는지, 우리는 목욕탕에 오래 있으면 손이 쭈글쭈글해지는데 왜 식물은 물을 먹어도 쭈글해지지 않고 팽팽해지는지도 알 수 있었습니다(이 부분은 각자 확인해보기 바랍니다).

이렇게 과학자들의 연구가 바탕이 된 책은 실험 요소들을 생각하며 읽으면 좋겠지요.

» 과학은 암기 과목이 아니다

2021년 코로나로 대부분 학교 수업이 온라인으로 전환되면서 엄마들이 아이들의 학교 수업을 들을 수 있게 되었습니다. 지인이 초등 5학년 아이의 학교 온라인 과학 수업을 우연히 듣게 되었는데, 수업을 마치면서 마지막에 다 같이 이렇게 외쳤다고 해요.

선생님 : 여러분, 과학은 —

학생들 : 암기 과목이다!

"과학은 암기 과목이다."

초등학교 교실에서 이렇게 가르친다는 것이 충격적이기도 했고 씁쓸하기도 했습니다.

그런데 우리 생각도 크게 다르지 않죠. 학창 시절에 암기 과목과 이해 과목으로 과목을 나누었어요. 국어, 수학은 이해가 중요한 과목, 사회, 과학, 기술, 한자 등은 암기 과목으로 생각했던 것 같아요. 암기 과목은 '너네가 엉덩이 붙이고 앉아서 공부하면 누구나 잘할 수 있는 거야.'라는 암묵적인 의미가 들어 있으니 어쩌면 희망찬 말일 수도 있겠네요. 그 선생님은 과학을 힘들어하는 아이들에게 과학을 포기하지 말라고 한 말일 거예요.

하지만 과학은 암기 과목이 아닙니다. 암기하기 이전에 이해해야 할 것들이 너무나 많은 과목이죠. 초등과학은 열심히 암기하면 어느 정도 잘할 수 있습니다. 특히 문제집에 나오는 정도는 이해하지 못해도 풀어낼 수 있어요. 하지만 학년이 올라갈수록 이해가 되지 않은 암기로는 문제를 풀 수가 없습니다. 우리 교육과정은 나선형 교육과정이에요. 학년이 올라가면 초등학교 때 배운 내용에 한 가지씩 더 붙여서 점점 복합적인 내용이 됩니다. 초등에서 배운 내용에 대한 이해가 없으면 중학교, 고등학교에 나오는 내용은 이해하기 너무 힘들어요. 처음부터 다시 해야 하거든요.

다음은 비열의 정의입니다. 조금 어렵겠지만, 아이들이

공부하는 마음을 이해해본다고 생각하고 천천히 따라가주세요.

> 비열은 어떤 물질 1g의 온도를
> 1도 올리는 데 필요한 열량이다.

이 문장을 읽고 무슨 뜻인지 이해되나요? 아이들에게 비열이 무엇인지 물어보면 위 문장을 그대로 답합니다. 물론 책을 바로 읽었을 때, 혹은 방금 배웠을 때만 기억하지만요. 시간이 지나 다시 물어보면 비열이라는 단어를 들어봤지만 무슨 뜻이었는지 전혀 기억하지 못합니다. 이해하지 않고 그냥 외웠기 때문입니다. 문장을 보면서도 어떤 느낌인지 떠오르지 않는데 시간이 지나서 기억할 수가 없지요.

과학에서의 정의는 어려워요. 정의니까요. 정의는 모든 의미를 함축적으로 간결하게 표현한 문장입니다. 비열의 정의 속에는 어떤 의미가 들어 있을까요? 우선 물질이 무엇인지 알아야 할 것 같네요. 책상, 연필, 컴퓨터 이런 것은 물체입니다. 책상은 나무로 되어 있고, 연필은 나무와 흑연으로 되어 있으며, 컴퓨터는 철로 되어 있어요. 여기서 나무, 흑연, 철 등을 물질이라고 합니다. 즉, 물질을 이용하여 물체를 만드는 거죠. 물체는 물질로 되어 있습니다.

 이런 물질의 온도를 높이기 위해서는 열량이 필요하다고 해요. 열량이 무엇일까요? 열량은 열에너지의 양을 말합니다. **온도를 높이기 위해서는 열에너지가 필요한데 그 열에너지의 양이 얼마나 필요한지를 나타낸 것이 비열입니다**. 어떤 물체에 열에너지를 가하면 온도가 높아진다는 뜻이 담겨 있습니다. 여기서 잠깐, 온도와 열이 무엇인지도 알아야겠네요. 온도는 물체가 따뜻한 정도를 객관적이고 측정 가능한 수치로 약속한 것이고, 열은 에너지입니다.

 그런데 필요한 열에너지의 기준이 세 가지 있어요. 어떤 물질, 1g, 1℃입니다. 물질의 종류와 질량, 올리고자 하는 온도 차이에 따라 필요한 열에너지가 다르다는 뜻입니다.

 비커에 물 100g을 담았어요. 1℃ 올릴 때와 2℃ 올릴 때 필요한 에너지는?

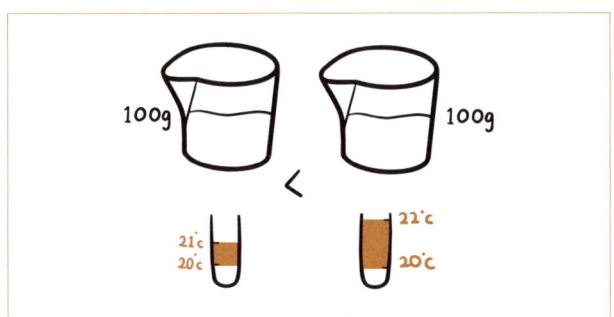

다르겠죠. 2℃ 올리려면 더 많은 열에너지가 필요할 거예요. 그래서 비열이라는 것은 1℃ 올리는 데 필요한 열에너지를 기준으로 하자고 정했습니다.

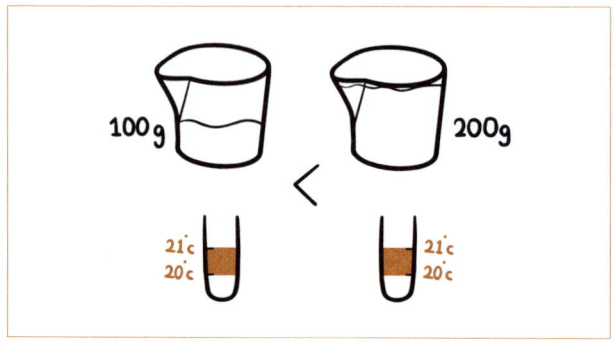

이번에는 한 컵에는 물 100g을, 다른 컵에는 물 200g을 담고 가열했어요. 만약 두 컵의 물을 같은 온도까지 높이기 위해서는 어느 컵을 더 오래 가열해야 할까요? 200g이 더 많은 열에너지를 필요로 합니다. 이렇게 물질의 양에 따라서 필요한 열에너지의 양이 달라집니다. 그래서 비열은 물질 1g을 기준으로 하자고 정했습니다.

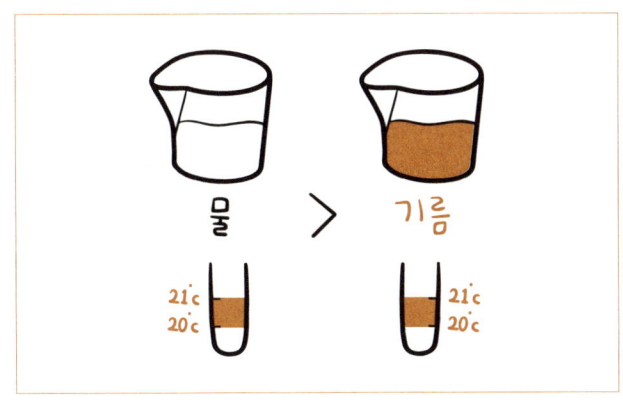

 마지막으로 '어떤 물질'이라는 표현이 있어요. 물과 기름을 똑같이 1g씩 담습니다. 각각 온도를 1℃ 높이기 위해 열에너지를 공급했어요. 그런데 이때 물의 온도를 1℃ 올리는 것과 기름의 온도를 1℃ 올리기 위해서 필요한 열에너지 양이 다릅니다. 그래요. 다른 말로 물을 가열할 때와 기름을 가열할 때 똑같이 1분 동안 가열했다면 둘의 온도가 다를거예요. 무엇이 더 많은 열을 필요로 할까요? 물 100g과 기름 100g을 똑같이 가열하면 어느 것이 더 온도가 높을까요? 똑같이 가열하면 물이 100℃가 되는 동안 기름은 200℃까지 올라가요. 똑같이 100℃로 높이기 위해서 물은 2분을 가열해야 하지만 기름은 1분이면 된다는 뜻입니다. 물과 기름 1g을 1℃ 높이려면 물이 열에너지가 더 많이 필요합니다. 따라서 물의 비열이 더 높다고 말합니다. 이렇게 물질마다 똑같이 열에너지를 주더라도 온도 변화는 다릅니다.

똑같은 양 1g을 가열하더라도 1도를 올리기 위해 필요한 열의 양은 물질마다 다릅니다. 그래서 비열은 물질의 특성이라고 해요. 비열이라는 개념을 만들어낸 이유는 같은 물질이라면 1g을 1도 올리는 데 필요한 열의 양이 같기 때문입니다.

여기에 무엇인지 모르는 물질이 담겨 있어요. 둘을 가열해 보았어요. 똑같은 양을 똑같은 시간 동안 가열하였더니 온도가 같아졌습니다. 그렇다면 두 물질은 과감하게 '같은 물질'이라고 할 수 있습니다.

비열이라는 용어를 보고 이렇게 설명할 수 있어야 이 정의를 온전하게 이해한 것입니다. 그렇게 설명하는 글을 쓰는 과정에서 개념은 더 명료해져요. 다시 비열의 정의를 보면 아이들이 어려워할 용어는 하나도 없습니다. 하지만 어떤 문제에서 비열이 등장하면 어렵게 느껴지고 당황하게 됩니다. 공식이나 정의는 그 안에 어떤 의미가 들어 있을지 이렇게 저렇게 다양한 표현 방식으로 설명해보세요. 그러다 보면 이 개념이 왜 필요하게 되었는지, 이 공식이 왜 나왔는지, 왜 쓸모가 있는지까지 생각이 연결될 수 있습니다.

  비열을 정확하게 이해했다면, 문제에 적용해봅니다. 여름에 바다에 가면 모래사장이 있어요. 모래사장과 바닷물은 모두 햇빛을 똑같이 받고 있었습니다. 같은 양의 열에너지를 받았어요. (여기서 열에너지의 원인은 햇빛이고, 둘 다 똑같은 양의 열에너지를 받았습니다. 이것을 통제변인이라고 해요.) 하지만 모래사장은 너무 뜨거워 발을 디디기 힘든 경험을 해보았을 거예요. "아, 뜨거워. 아, 뜨거워." 하면서 걸어 들어가지만 바닷물에 들어가면 시원합니다. 똑같은 열에너지를 받는데 모래는 온도가 높고, 바닷물은 상대적으로 온도가 낮아요. 만약 똑같이 온도를 높이기 위해서는 무엇이 에너지가 더 많이 들까요? 바닷물이 더 많은 에너지를 줘야 모래처럼 뜨거워질 거예요. 따라서 바닷물이 필요한 열량이 더 많다는 의미이고 비열이 더 높다는 뜻입니다.

  비열이라는 한 줄의 정의를 이용하여 이렇게 많은 설명을 할 수 있습니다. 그 설명은 어디 있을까요? 책에 있습니다. 교과서나 문제집은 이렇게 긴 설명을 할 여유가 없습니다. 책은 이렇게 찬찬하게 개념들을 설명해놓았고요. 다양한 문제 상황에 적용을 해줍니다. 이때 중요한 것은 '글'만 읽는 것이 아니라 '생각'을 하면서 따라가는 것이에요. 그리고 스스로 설명해보거나 글을 써보면 더 좋겠지요.

» 다양한 관점의 글은 이해에 깊이를 더한다

과학은 암기 과목이 아닙니다. 이해가 우선입니다. 책마다 다른 방식으로 설명합니다. 어떤 책은 정의를 풀어서, 어떤 책은 실험을, 어떤 책은 현상을 설명합니다. 한 권의 책에서 끝나는 것이 아니라 같은 주제의 다른 책을 연계해서 읽는 것이 좋습니다. 이때 다독이 필요합니다. 한 권을 정독했다면 다독은 조금 더 빠른 속도로 할 수 있습니다. 다독은 쉬운 책부터 더 어려운 책까지 다양하게 보면 다른 관점에서 마주할 수 있습니다.

과학 교육과정에서는 개념 자체의 난이도에 따라 학년별로 배치가 되어 있지만 책에서는 어떤 현상을 설명하려면 필요한 개념들이 자연스럽게 소개됩니다. 앞서 '비열'을 알기 위해서 질량과 온도, 온도와 열, 열에너지라는 개념들을 알아야 했던 것처럼요. 물론 정해진 교육과정에 따라 단계별로 이론을 익혀가는 것도 좋지만, 이렇게 저렇게 다양한 방법으로 접근하는 것도 중요한 배움의 과정 같습니다. 그래서 **아이 수준에 맞는 책을 슬로리딩으로 읽고 나면, 다양한 형태의 Text를 다독으로 읽기를 권합니다.**

다음은 『최재천의 공부』(김영사 펴냄) 일부분이에요.

제가 요즘 꼬마들을 데리고 논에 나가잖아요. 아이들이 논에서 자연을 배우는데, 그렇게 배우면 구멍이 숭숭하게 배울 수밖에 없겠죠. 제가 그 아이들을 앉히고 '세포란!' 하면서 세포 그림을 그리고 '올챙이의 특징은 이렇다.'라고 가르치면, 더 체계가 쌓일 겁니다.

그런데 그런 배움이 꼭 좋은 배움일까요? 다양하게 배우면서 쌓아가고 조금은 어설프게 흔들거리다 보면, 어느 순간에 관심이 가는 분야를 찾습니다. 그럴 때 저는 심도 있게 들어가도록 도움을 줍니다. 언젠가는 전반적으로 이해를 높이는, 쓸 만한 학습 성취 구조를 이룰 수 있다고 기대하는데요. 저는 교육을 그렇게 하고 싶어요.

지금도 제가 지도하는 수업에서는 시험 대신 스스로 문제를 만들고 풀어보게 하죠. 자칫하면 제 수업을 마친 학생들이 다른 분의 수업을 들은 학생들에 비해 기초가 조금 부족할 수도 있어요. 제가 모든 걸 다지지 않았으니까요. 그런데 꼭 그렇게 꽉꽉 다져 넣고 확인하면서 가르쳐야 할까요?

- 『최재천의 공부』 중에서

   책과 경험은 닮은 점이 많습니다. 경험은 어디로 튈지 몰라요. 오늘 아이와 산에 간다고 산에 있는 어떤 나무나 어떤 곤충을 가르쳐야겠다는 목표를 세우진 않잖아요. 하지만 아이는 산에 가서 눈에 들어오는 곤충에 빠질 수 있어요. 그러다 보면 거기서 자연스럽게 확장이 일어납니다.

책은 경험하지 못하는 영역을 경험과 유사한 방식으로 알려줍니다. 그것이 독서를 하는 이유가 아닐까요.

| 제5장 |

배움의 종착지
: 과학 글쓰기

» 듣기 중심 교육이 지닌 문제점

교육에 불만도, 걱정도 많으시죠? 우리 교육은 무엇이 문제일까요? (입시를 비롯하여 정부에 따라 교육의 방향이 틀어지는 총체적인 문제를 떠나서 가정에서 할 수 있는 부분에서 생각해 볼게요.) 저는 읽기 교육이 아닌 듣기 중심의 교육, 글을 쓰는 교육이 아닌 답을 찾는 교육이 문제라고 생각합니다.

'사교육이냐, 공교육이냐'의 문제가 아닙니다. 학교에서의 수업도 대부분 듣기 교육이며 답을 찾는 교육입니다. 지금은 프로젝트 수업이나 토론 수업을 도입하려는 시도를 많이 하고 있지만 일부 초등학교에 국한되어 있습니다.

학년이 올라갈수록 수업의 주도권은 교사가 쥐고 있고 교사는 학생들에게 친절하게 설명을 하려고 노력합니다. 저도 교사로 근무하면서 쉽게 가르치려고, 학생들의 머리에 이해시키려고 무척 노력했어요(안타깝게도 그럴수록 저만 더 똑똑해졌지만요). 가르치는 선생님은 점점 '쉽게, 재밌게' 수업하려고 최선을 다하지만 학생들 앞에 보이지 않는 장벽이 둘러 쌓여 있고 설명한 내용이 반사되어 튀어나오는 기분입니다.

문장을 읽고 그 구조가 빠르게 이해가 된 아이들은 책 한 권을 읽어내기가 쉽습니다. 하지만 이 문장이 무슨 말인지 이해가 되지 않은 아이들은 과학책이 어렵고 지루하기만 합니다. 초등 저학년까지만 해도 교과서가 그리 어렵지 않습니다. 제대로 읽고 생각할 거리는 아주 많지만 대부분 문제집 요약본에 있는 것처럼 지식만 쏙 빼서 암기하고 나머지는 쉽다고만 생각하기 때문이에요. 지식의 양도 많지 않기 때문에 듣기 공부가 읽기 공부보다 훨씬 빠르며 효율적으로 보입니다. 오히려 습득하는 양도 더 많아 보여요.

문제는 고학년으로 올라가고, 중학생, 고등학생이 되었을 때 드러납니다. 학년이 올라가면 교과 내용이 많아집니다. 5학년이 되면 과학이 어려워진다더라, 중학생이 되면 과학이 어려워서 학원에 가지 않고는 안 된다더라 등등의 '카더라' 통신이 나오는 이유입니다. 그런데요, 잘 생각해봐야 할 문제입니다. 초등 5학년 과학책을 보면 분명 어렵습니다. 하지만 사교육을 받지 않으면 혹은 누군가가 설명해주지 않으면 이해할 수 없도록 구성된 것은 아닙니다. '그 학년이 되면 이 정도 글을 읽고 사고할 수 있는 능력을 갖출 수 있다.'는 의미입니다. 초등 5학년 과학책이 어렵다면 내용이 어려워졌다는 데 초점을 맞출 게 아니라, 우리 아이의 글을 다루는 능력이 부족한 것을 인지해야 해요. 여기서 읽기 능력이라는 것은 많은 것을 포함하고 있습니다. 먼저, 복잡한 문장 구조를 이해하고, 무슨 뜻인지 머릿속에 상상이 되어야 합니다.

쉬운 예를 들어볼까요? 엄마가 아이에게, "이제 집에 가자."라고 하면 아이는 '집'이라는 이미지와 '가자'라는 이미지를 떠올리고, 엄마의 말을 이해합니다. 교과서는 이 문장이 아주 복잡하고 어려운 용어로 바뀌었을 뿐이에요. 또한 문장 구조 속의 논리적 단계가 세워져야 해요. 어떤 내용이 핵심 주장인지, 어떤 부분이 뒷받침하는 근거인지, 어떤 부분이 이를 통해 설명할 수 있는 현상인지 이런 구조가 그려져야 합니다. 여기서 더 발전해서 과학 교과를 넘어 경험이나 다른 알고 있는 현상이 자연스럽게 연결되는 확장이 일어나야 합니다.

　5학년이 되면 과학이 어려워진다는데 미리 학원을 보내야 하나 전전긍긍할 것이 아니라, 5학년이 되었을 때 그 정도 내용은 스스로 읽고 사고할 수 있는 읽기 능력과 학습 능력을 키울 수 있도록 신경 써야 하는 거예요. 중학생이 되면 학원에 가야 할까 걱정하기 이전에 중학생이 되었을 때 중학교에서 배우는 내용 정도는 스스로 읽고 이해하고 더 나아가서 질문하고 사고하는 배움의 과정을 습득할 수 있도록 도와야 합니다. 그런데 순서가 바뀌었어요. 아이의 성장에 맞춰 문해력을 키우고 학습 습관을 들이기 전에 미리 걱정하며 듣기 공부만 하고 있으니 오히려 문해력은 높아지지 않고 진짜 배움이 어떻게 일어나는지도 경험하지 못합니다. 우리도 그렇게 배웠습니다. 시대가 바뀌었다는 것은 알고 있지만, 그렇다고 어떻게 해야 할지 경험이 없으니 우리가 배웠던 방식으로, 오히려 그때보다 더 일찍 듣기 공부와 문제집 풀이 공부를 시작합니다. 이 시간과 비용이 나중에 더 독이 된다는 것을 잊은 채 말입니다.

　제가 중학교 때였습니다. 저는 학원에 다니지 않았습니다. 그런데 수학에서 확률과 통계가 너무 어려웠습니다.

엄마에게 방학 동안만 단과 학원을 다녀보고 싶다고 말씀드렸어요. 그래서 여름 방학 때 부산 서면에 있는 학원가에 발을 디디게 되었습니다. 강의실로 들어가는데 깜짝 놀랐어요. 200~300명이 들어가는 대형 강의실이었습니다. 큰 교실에 들어서서 기가 죽기도 했지만 열심히 듣고 싶어서 앞자리에 앉았습니다. 곧 학생들이 물밀 듯 들어왔고 수업이 시작되었습니다. 그날 저는 신세계를 맛보았습니다. 세상에나. 이렇게 수학을 물 흐르듯 찰떡같이 가르치는 선생님이 계시다니요. 정말 놀랐습니다. 저희 학교 선생님은 곧 퇴임을 앞둔 나이 지긋하신 할아버지셨어요. 돋보기안경을 끼고 "에-"하면서 풀이를 시작하셨죠. 그런데 학원 선생님은 수업하는 내내 에너지의 흐름을 탔고 마치 마치 한 편의 연극을 보는 듯했습니다. 수업이 끝났습니다.

"와, 이제 확률 통계는 끝났다!!" 이렇게 자신했습니다. 수업 시간에 선생님 말씀이 귀에 콕콕 들어와서 찰떡같이 이해가 되었거든요. 그냥 수학 체계 덩어리를 집어서 제 뇌에 탁 꽂아주는 기분이었습니다. 제 시험은 어떻게 되었을까요? 수학 시험 중 가장 많이 틀렸습니다. 저는 지금도 확률 통계가 가장 어렵습니다.

시간이 한참 지나고 그 일이 기억났습니다. 제가 수학을 공부했던 방식도 떠올랐고요. 저는 수학도 물리도, 정석책을 들여다보며 하나하나 풀어보고 끼워 맞춰보고 스스로 읽고 이해하고 다른 풀이 방법은 없는지 찾아보며 공부했습니다. 그런데 찰떡같은 학원 선생님의 수업은 제가 다 안다고 착각하게 만들었어요. 공식 같은 비법대로 문제를 풀어보고 공부가 끝났다고 자신했습니다. 새로운 유형이 나오면 막막했고 배운 내용을 까먹으면 손대지도 못했지만, 더 이상 뭘 공부해야 하는지도 몰랐습니다.

» 듣기 공부에서 읽기 공부로

고등학교 1학년 여름 방학 때였어요. 수학 과외를 받았습니다. 선생님은 화학과 대학생이셨어요. 전문 학원 강사는 아니었지만 아주 성실한 분이셨습니다. 같이 수학 문제를 붙잡고 헤맸던 날이 많았습니다. 가끔 너무 문제가 풀리지 않으면 선생님이 마음 편하게 답안을 보실 수 있도록 일부러 화장실을 다녀오곤 했어요. 기초 개념은 가르쳐주셨지만 처음부터 끝까지 개념의 알맹이만 쏙쏙 빼서 설명해주시지 않았습니다. 같이 정석을 읽었고 무슨 뜻인지 생각해보았고, 문제를 풀었습니다. 가끔 선생님도 문제가 막혔기 때문에 함께 풀어야 했습니다. 이렇게 시도해보고, 저렇게 시도해보고 그렇게 풀어갔습니다. 지금 생각해보면 참 힘드셨을 것 같은데 성실하게 봐주셨어요. 또 달리 생각해보면 '왜 선생님이 이걸 모르시지?'라며 선생님 실력을 의심했을 법도 한데 저는 그런 방식이 오히려 편했습니다. 되돌아보니 그때 가장 많이 배웠던 것 같습니다. 가끔 피곤하셔서 졸기도 하셨는데 그럴 때는 혼자 낑낑거리며 진도를 나갔어요. 제 수학 실력은 그때 키워졌습니다. 경시대회 문제까지 척척 풀어냈던 부분은 이때 공부했던 내용들입니다.

아이들에게 '설명이 필요할 것'이라는 것은 어쩌면 어른들의 착각일 수 있습니다. 아이들은 스스로 읽고 생각하며 배워나갈 수 있는 능력을 가지고 있습니다. 그런데 결승전에 빨리 들어가는 경기를 하다 보니 스스로 읽고 이해할 수 있는 능력을 키울 시간이 없어졌습니다. 시행착오를 하지 못했지요. 어릴 때부터 설명을 듣고 배우는 것이 당연해졌고 점점 읽고 이해하는 능력이 갖추어지지 못한 채 다음 학년으로 올라갔습니다. 이제는 듣기 공부를 할 수밖에 없는 상황이 되어버렸습니다.

저희도 동영상 강의를 제공합니다. 저는 거꾸로 수업이 상당히 좋은 교육 방식이라고 생각합니다. 거꾸로 수업은 수업 시간이 복습 시간입니다. 무슨 뜻일까요? 수업 전에 공부해오는 내용들은 예습이 아니라 본 수업이라는 생각으로 스스로 공부를 하고 와야 한다는 뜻입니다. 그러다 보니 동영상 강의를 제공하고 있습니다. 하지만 아무 생각 없이 강의만 보란 뜻은 아닙니다. 연필 들고 열심히 필기만 하는 것도 좋은 방법이라고 생각하지 않습니다.

먼저 텍스트를 읽어봅니다. 연필을 들고 스스로 중요하다고 생각되는 부분에 밑줄을 긋고, 이해가 되지 않는 부분을 체크하고, 더 떠오르는 생각들을 메모합니다. 그러고 나서 강의를 듣습니다. 강의에서는 선생님이 강조하는 부분과 내가 밑줄을 그은 부분이 일치하는지, 내가 이해되지 않은 부분을 어떻게 설명하시는지, 선생님은 이 부분을 읽고 어떤 생각을 하셨는지, 이런 것들을 체크하면서 내가 책을 읽는 방법과 선생님이 책을 읽는 방법을 비교하며 듣습니다. 이미 아는 내용은 빠르게 지나가면 됩니다. '강의는 처음부터 끝까지 놓치지 않고 들어야 해!'라고 생각할 필요는 없습니다. 책을 통해 충분히 흡수했다면 그 내용을 반복해서 들을 필요가 없습니다. 반대로 어려웠던 부분은 몇 번이라도 반복해서 듣고 정리합니다. 이것이 동영상 강의의 장점입니다. 중요한 것은 점점 강의에 의존하는 비율은 줄이고, 스스로 읽고 해석하는 시간을 늘려야 한다는 거죠.

그렇게 듣기 공부에서 읽기 공부로 파이를 점점 늘려 가면 됩니다. 저는 고등학교 때 물리를 독학으로 공부했습니다. 당시에는 EBS 방송이 비디오테이프로 나왔습니다. 방송 시간을 맞추기가 어려웠기 때문에 EBS 『물리 2』 인강을 구입했습니다. 교과서를 읽고, 하이탑을 읽고 내용을 정리한 후 강의를 들었습니다. 필요한 부분은 멈춰서 필기를 하고, 불필요한 부분은 빨리 감기로 넘겼습니다. 이렇게 이론이 정리되고 나면 문제집을 풀었습니다. 이때도 틀린 문제나 애매한 문제 중심으로 강의를 확인하였습니다.

» 답을 찾는 교육, 글을 쓰는 교육

답을 찾는 교육과 글을 쓰는 교육에 대해서도 생각해볼까요? 기초가 중요하다는 것은 알지만 아이들의 생각이나 논리의 어느 부분에 빈틈이 있는지 평가하기가 어렵습니다. 완전 학습이 이루어졌는지 어떻게 확인할 수 있을까요? 보통 문제집을 풀고 평가하는데, 앞서 말했지만 이런 방법으로는 정확하게 이해했는지 머릿속에서 일어나는 일을 알기 어렵습니다. 문제집을 모두 맞혔다고 하더라도 개념에는 구멍이 있을 수 있고 오히려 문제집을 모두 맞혔다는 사실이 내가 잘 알고 있다고 착각하게 만들 수 있습니다.

저희가 중학교 때는 시험 치는 과목이 많았습니다. 모든 과목의 시험 시간은 50분으로 똑같았어요. 하지만 국어, 수학, 영어, 사회, 과학처럼 시간이 많이 필요한 과목도 있고, 미술, 음악처럼 10분이면 모두 풀고 엎드려 자는 경우도 있었지요. 저는 미술 시험지를 다 풀고 답안까지 확인하고 나면 남은 시간 동안은 미술 시험지 여백에 다음 시간에 시험 칠 내용을 정리했습니다. 머릿속에서 떠오르는 대로 적었습니다. 마침 미술, 음악, 체육처럼 시험이 빨리 끝나는 과목은 시험지에 여백도 많았거든요. 하지만 시험 시간이라 책을 펼칠 수 없잖아요. 이것이 오히려 장점이 되었습니다. 시험 범위 앞부분부터 기억나는 대로 쭈욱 정리를 하고 쉬는 시간에는 빠진 내용이 있는지 체크합니다. 그렇게 쓰다 보면 알고 있다고 생각했는데 기억나지 않는 경우도 있고, 또 아예 기억조차 못 하던 부분도 있더라고요. 쉬는 시간에 그 부분만 찾아서 확인하고 다음 시간에 시험을 칩니다. 처음에는 너무 지루해서 시작했는데, 실제로 효과가 아주 좋았어요. 그 후로 이 방법을 많이 활용했습니다.

그런데 제가 정말 놀랐던 것은 교사로 근무할 때였어요. 이때는 시험을 치는 학생이 아니라 감독하는 교사였죠. 시험 감독을 들어갔는데, 대부분의 아이들이 답안을 모두 체킹하고 나면 엎드려 잠을 잤습니다. 그런데 유독 몇 명,

3~4명 정도는 그 시간에 잠을 자지 않고 시험지 뒷면에 뭔가를 끄적이고 있었습니다. 가까이 가서 뭘 하는지 봤더니 제가 학창 시절에 했던 것처럼 빈 종이에 다음 시간에 시험 칠 내용을 쓰고 있는 것입니다. 그 학생들은 그 반에서 가장 상위권 아이들이었습니다. 매우 놀랐죠. 저만의 공부 방법이라고 생각했는데, 누구에게나 좋은 방법이었던 것이에요.

독서 수업을 시작하면서 이런 공부방식을 꼭 가르치고 싶었습니다. 배운 내용을 스스로 설명해보는 것은 매우 중요한 과정입니다. 완전 학습을 확인할 수 있으며, 메타인지를 높일 수 있고 논리적 사고력도 향상됩니다. 독서 노트에는 '블라인드 셀프 테스트'라고 이름을 붙였습니다. 책을 보지 않고 스스로 공부한 내용을 확인해본다는 의미입니다. 말로 해도 되지만 글로 적었을 때 더 효과가 큽니다. 아니나 다를까 글쓰기를 도입해보니 흥미로운 사실이 발견되었습니다. 힘들지만 꾸준히 '답'이 아니라 '글'을 쓰려고 노력하는 아이들의 실력이 월등하게 좋아졌습니다. 또한 실력이 차이가 나는 학생들의 글쓰기를 보면 상당히 달랐어요. 논리적 사고력은 글쓰기로 평가할 수 있을 만큼 직결되었습니다.

다음은 같은 학년 아이들의 같은 질문에 대한 답입니다.

문제 : 꽃이 아름다운 건 이유가 있을까요?

학생 1 : 식물은 움직이지 못하기 때문에 스스로 번식하기 어렵다. 수정을 하기 위해 바람의 도움을 받기도 하지만 새나 곤충의 도움을 받아야 하는데 그러기 위해서는 그것들의 눈에 띄어야 하기 때문에 아름답게 진화했을 것이다.
학생 2 : 동물, 곤충을 유혹해서 수분을 하려는 것입니다.
학생 3 : 생식기관이어서요.

'답'은 모두 맞네요. 학생 3의 글을 보면 의문이 떠오릅니다. 생식기관이면 왜 아름다워야 할까요? 학생 2의 글은 조금 더 정확하네요. 문제집이라면 동그라미를 받을 수 있을 것 같아요. 하지만 글을 읽는 사람은 이 학생의 생각이 얼마나 깊은지, 어느 정도 알고 있는 것인지 알기는 어렵습니다. '답을 맞혔네.' 이 정도 생각이 먼저 듭니다. 생각의 호흡이 짧습니다.

학생 1은 질문의 답뿐만 아니라 그에 대한 설명을 덧붙였습니다. 왜 식물은 아름답게 진화했는지 움직일 수 없다는 식물의 특징과 진화를 연결지어 생각했습니다. 생각의 흐름을 엿볼 수 있습니다.

우리는 아이들이 학생 1처럼 글을 쓰기를 기대합니다.

그런데 아이들이 이렇게 쓰는 걸 상당히 어려워해요. 그 이유가 무엇일까요? 가장 큰 이유로 글을 쓰는 교육보다는 답을 찾는 교육을 받아왔기 때문입니다. 아주 어릴 때부터 생각을 펼쳐내는 것보다 정답을 찾는 것에 익숙해지고 있습니다. 초등학교에 들어가기도 전부터 문제집을 풉니다. 초등학교에 들어가서도 책을 읽고 사색하는 시간, 내 생각을 설명해보는 시간보다는 오지선다에서 정답을 찾거나 단답형의 답을 쓰는 것으로 공부한 내용을 확인합니다. 이런 경험들이 쌓이다 보면 당연히 문제는 내 생각을 묻는 것이 아니라 '답'을 물어보는 것이라고 인식하게 됩니다.

두 번째로, 당연하게 아는 부분은 글로 표현하지 않아도 된다고 생각하기 때문입니다. 학생 2도 학생 1처럼 그 과정을 모두 알고 있을지 모릅니다. 하지만 글을 쓰는 경험이 부족합니다. 남학생들이 이런 경우가 많습니다. 글 쓰는 행위 자체를 매우 귀찮게 여기죠. 하지만 내가 아는 것과 글을 쓰는 것은 다릅니다. 글은 다른 사람에게 내 생각의 흐름을 알려주는 방법이기도 하지만 내게도 내 생각의 흐름을 알려줍니다. 아는 것을 글로 쓰다 보면 생각하는 힘이 깊어집니다. 이런 연습이 쌓이면 더 긴 호흡으로 긴 글을 써낼 수 있게 됩니다. 또한 글쓰기 자체가 논리적인 사고에 도움이 되기 때문에 어느 순간 과학적 사고력이 높아져 있습니다.

» 교과 이해도를 높이는 글쓰기

제인이는 과학을 힘들어하던 여학생입니다. 수업을 시작하고 보니 이해도가 많이 떨어져 조금 무리라는 생각이 들었습니다. 하지만 제인이는 꿋꿋하게 열심히 과제를 제출했습니다. 독서 노트를 빼곡하게 적어왔습니다. 글이 무조건 길어야 한다는 건 아닙니다. 그만큼 표현해보려고 최선을 다했다는 거죠. 첨삭하는 저는 힘들었습니다. 글을 보면서 내용을 전혀 이해하지 못했다는 것, 전혀 논리가 맞지 않는다는 것을 발견할 때마다 수업을 계속해도 될까, 효과가 있을까 고민이 될 정도였습니다. 이 정도면 과제를 하는 것이 힘들 것 같은데도 제인이는 열심히 해왔습니다. 그렇게 꾸준함이 쌓이고, 몇 개월이 지나자 제인이가 과학을 이해하는 속도가 빨라졌습니다. 내용에 대해 이해를 잘하게 되면서 논리적인 글이 되어갔습니다. 그러자 그동안 짧은 답만 썼던 다른 친구들보다도 훨씬 빠르게 실력이 향상되었습니다.

과학사 수업에서 글쓰기를 할 때는 주제 한 가지에 대하여 꽤 호흡이 긴 글을 씁니다. 하루는 첨삭을 하다가 깜짝 놀랐습니다. 한 학생의 글이 너무 좋았기 때문입니다. 그날의 주제는 '온도와 열'이었어요. 도입과 본론, 결론으로 나뉜 글의 짜임과 문장 구성력이 매우 좋았지만 무엇보다 그날 수업의 주제를 아주 잘 담았습니다. 과거 과학자들은 열을 열소의 개념으로 설명하려고 했다는 점, 열소라는 개념에 어떤 문제가 있었는지, 과학자들이 '열'이 무엇인지 밝히려고 애썼다는 점이 녹아 있었습니다. 우리는 열이 무엇인지 너무 쉽게 생각하지만 그 개념 자체는 쉽지 않습니다. 특히 과학자들은 열이 무엇인지 알기 위해 많은 생각과 토론을 주고받았습니다. 라부아지에는 열을 원소 중 하나라고 생각하기도 했지요. 줄은 실험을 통해 일이 열로 전환될 수 있다는 것을 밝혀 열은 에너지일 것이라는 새로운 생각이 대두되었습니다. 왜 열소로 설명할 수 없었던 현상을 에너지라는 개념으로 설명할 수 있었는지 초등 6학년이 그 생각의 흐름을 글로 담았습니다.

　사실 제가 그날 놀랐던 것은 이 학생과 오랫동안 수업을 했기 때문이었습니다. 과학적 직관력이 좋은 학생인데 이상하게 늘 글을 쓰는 것을 어려워했습니다. 특히 문장 호흡이 아주 짧았어요. 아는 것을 그냥 내뱉다 보니 문장 구조도 엉망이었고, 의미 전달이 거의 되지 않았습니다. 답은 대부분 맞았습니다. 이유를 물어보면 설명도 잘했습니다. 가끔은 저도 '다 알고 있는데 굳이 글로 써야 할까'라는 생각이 들기도 했습니다. 하지만 꾸준히 한 달에 한두 번 글을 쓰기 시작하면서 점점 문장력과 내용이 깊어졌습니다. 새로운 내용을 배울 때 이해력과 구조화시키는 능력이 많이 향상되었습니다. 이제는 꽤 어려운 내용도 자신의 생각을 글로 표현하는 데 어려움이 없습니다. 이렇듯 아는 내용인 것 같지만 스스로 설명하고 표현하는 연습을 하다 보면 생각하는 힘이 생기고 사고가 깊어집니다.

글을 쓰면 글쓰기 실력만 좋아지는 것이 아닙니다. 이해도, 논리력, 사고력이 함께 향상되면서 공부를 해낼 수 있는 역량이 키워집니다. 다음 장에서는 배움을 위한 글쓰기의 효과에 대해 자세하게 알아보겠습니다.

» 과학 공부에 글쓰기가 왜 필요할까

독서, 여행, 글쓰기.

제가 교육에서 가장 중요하다고 생각하는 세 가지입니다. 이 중에서 글쓰기에 관해 이야기하려고 합니다. 제 전공은 물리입니다. 수학 다음으로 계산이 많은 과목이고, 수학만큼 어려운 과목이지요. 물리와 수학은 공식을 외우고 계산만 잘하면 된다고 생각합니다. 물리 이론만 본다면 몹시 어려운 내용은 없습니다. 간단한 정의와 공식뿐이죠. 그 공식만 외우면 공부가 끝납니다. 하지만 신기하게 공식을 모두 외웠는데도 문제가 풀리지 않습니다. 더 이상 공부할 것이 없는데 문제가 풀리지 않아요. 이것이 물리가 어려운 과목인 이유이고, '물포자'가 생기는 이유입니다. 왜 그럴까요?

'물리=문제 풀이'라는 생각 때문입니다. 물리는 공식을 외워서 계산하는 학문이 아니라, 자연을 이해하는 틀입니다. 물리 교과에 나오는 공식 안에는 이야기가 담겨 있습니다. 왜 이런 공식이 나오게 되었는지, 이 공식으로 자연의 어떤 이야기를 풀어낼 수 있는지 말이에요. 그 이야기를 무시한 채 공식만 외우면 적용할 수가 없습니다. 하지만 우리는 결과적인 공부법에 익숙해져 많은 경우 이른 시간 안에 끝낼 수 있는 공부법, 공식만 외우고 문제 풀기에 급급해합니다.

저도 그렇게 공부했습니다. 잠깐 제 이야기를 해볼게요. 저는 계산에 강했습니다. 물리를 전공했지만 수학적인 감각이 좋았던 것 같습니다. 그 이면에는 유전이나 환경적인 부분을 무시할 수 없겠지만 완벽주의적인 제 공부 스타일의 영향이 컸어요. 하루는 야간 자율학습 시간에 문제를 풀고 있는데, 도무지 한 문제가 풀리지 않는 거예요. 의

욕을 잃고 엎드려 자버렸습니다. 다음날 똑같은 문제를 또 붙들고 있는데 이해가 안 됩니다. 그렇게 며칠을 반복하다가 그 문제를 포기했습니다. 그런데 어느 날 아침, 잠에서 깨어 눈을 떴는데 갑자기 어떤 생각이 머릿속을 휘 스쳐 지나가는 것입니다. 제가 풀지 못해 몇 날 며칠을 고민하던 그 문제였어요. "아!" 하면서 갑자기 이해가 된 것입니다. 너무 놀라운 경험이었어요. 그 후로 물리가 더 재미있어졌지요.

이런 일도 있었습니다. 문제를 풀었는데 틀린 거예요. 제 풀이를 아무리 들여다봐도 이렇게 풀면 될 것 같습니다. 답지를 봤어요. 답지의 풀이도 맞아요. 하지만 제 풀이도 맞는 것 같아요. 그래서 선생님께 여쭤보러 갔어요. 답지 풀이와 같은 방법으로 가르쳐주시더라고요. 그런데 아무리 생각해도 제가 풀었던 방법이 왜 안 되는지 이해가 되지 않았습니다. 그래서 '나는 다른 방식으로 풀고야 말 거야!'라고 생각했어요. 결국 다른 풀이는 찾지 못했습니다. 저의 풀이 방식에 무엇이 문제인지 찾아내는 데만 며칠이 걸렸던 것으로 기억합니다. 어떻게 보면 참 무식하게 공부했죠. 하지만 이렇게 공부했던 덕분에 요즘 강조하는 문해력이 좋진 않았지만 문제는 조금 수월하게 풀어냈던 것 같습니다.

영재학교에 파견 근무를 갔을 때였습니다. 영재들을 가르쳐야 한다는 부담감에 교재 텍스트를 한 줄, 한 줄 읽었습니다. 그러자 그동안 생각지 못했던 부분들이 보이기 시작했어요. '아, 이 부분은 이렇게 설명할 수 있구나.' '이 식 안에는 이런 의미가 포함되어 있었네.' 물리를 전공한 저도 보는 관점이 더 넓어지는 경험이었습니다. 색다른 맛을 알았던 것 같습니다. 수식으로 접할 수 없는 맛. 책을 읽자 시야가 넓어졌습니다. 공부가 재미있어졌습니다. 생각하는 힘이 생겼다는 것을 스스로 느낄 수 있었습니다. 이 경험이 너무 좋아서 아이들과 과학책을 읽기로 했습니다. 이런 공식은 어떤 배경에서 나오게 되었는지, 이 과학자는 어떤 관찰력과 생각을 통해 이런 이론을 만들어내게 되었는지, 역사 속에서 과학자들은 시대의 오개념을 어떻게 발견하고 이를 어떤 근거로 수정해나가게 되었는지를 함께 살펴보고 싶었습니다. 그래서 초등 고학년에서 중학생 아이들이 읽을 수 있는 책으로 선정하여 '물리과학사'라는 거창한 이름의 수업을 개설하게 되었지요.

수업을 개설하면서 두 가지 포인트를 정했습니다. 첫째, 한 문장, 한 문장 제대로 이해하며 읽을 것. 물리 수업을 하다 보면 아는 내용이라고 쉽게 여기는 경우가 많습니다. 하지만 안다고 착각하고 진도를 나가다 보면 어느 순간 어디서부터 다시 봐야 할지 막막할 정도로 흐름을 놓치게 됩니다. 과학책은 대충 술술 읽고 '뭐, 그렇겠지.'라는 생각으로 넘기다 보면, 점점 무슨 말인지 이해가 되지 않으면서 글만 읽고 있습니다. 책으로 수업을 하면서 대충 읽지 않는 것에 목표를 두었습니다. 중요한 문장들은 다시 생각하고 다른 예시나 현상과 연결해볼 수 있도록 수업을 설계하였습니다.

둘째, 그렇다면 아이들이 정말 이해했는지는 어떻게 알 수 있을까요? 이를 위해 글쓰기를 도입했습니다. 물리를 배우는데 글쓰기라니요. 많은 교육자가 글쓰기의 필요성에 대해 설파합니다. 지금은 과학자도 글을 잘 써야 한다는 생각이 많아졌습니다. 하지만 제가 수업을 시작할 때만 해도 국어나 논술, 역사 수업에서의 글쓰기에 관한 책은 어렵지 않게 찾을 수 있었지만 과학 글쓰기에 관련된 자료는 찾기가 어려웠습니다. 저는 과학에서도 글쓰기 역량이 꼭 필요하다고 생각했습니다. 더 나아가 과학을 제대로 배우기 위해서도 글쓰기라는 수단이 필요하다고 생각했습니다. 글쓰기를 지도해오면서 '정말 시도하길 잘했다.'라고 매 수업마다 느끼고 있습니다.

» 글쓰기로 키울 수 있는 다섯 가지 역량

그렇다면 배움을 위한 글쓰기가 어떤 역량을 높일 수 있을까요? **먼저, 학생들의 글을 보면 결과가 아닌 '과정'이 보입니다.** 흔히들 공부하고 있는 머릿속은 들여다볼 수 없다고 말합니다. 두 학생이 똑같은 교재로 똑같은 시간 동안 공부하더라도 둘의 결과는 전혀 다릅니다. 한 사람이 더 뛰어나기 때문이 아닙니다. 공부란 머릿속에서 일어나는 일이기 때문에 그들이 정말로 똑같은 방법으로 똑같은 시간 동안 공부했는지 알 길이 없습니다. 따라서 사고하는 과정을 볼 수 있다는 것은 아주 중요한 이점입니다. 글에는 어떤 이유를 어떤 논리로 적용하여 결론을 도출했는지 그 과정이 보입니다. 그런 과정을 쓴 글이 잘 쓴 글입니다. 결론이 맞더라도 논리적인 비약이 있을 수 있고, 결론은 틀렸지만 접근 방법은 옳을 수도 있습니다.

다음은 전류에 의한 자기장에 대해 학생이 쓴 글의 일부분입니다.

> 외르스테드는 전선으로부터 나침반을 더 멀리 두었다. 이번에는 나침반이 돌아가지 않았다. 외르스테드는 나침반이 자기장으로부터 멀면 반응을 하지 않는다는 것을 알아냈다.

이해를 돕기 위해 위 실험에 관해 설명하자면, 전선과 스위치를 연결하여 전기회로를 만들었어요. 전선 주위에 나침반을 두고 전기회로의 스위치를 닫으면 나침반 바늘이 움직입니다. 이를 통해 전류 주변에 자기장이 생기는 것을 알 수 있습니다.

학생의 논리를 따라가 볼게요.

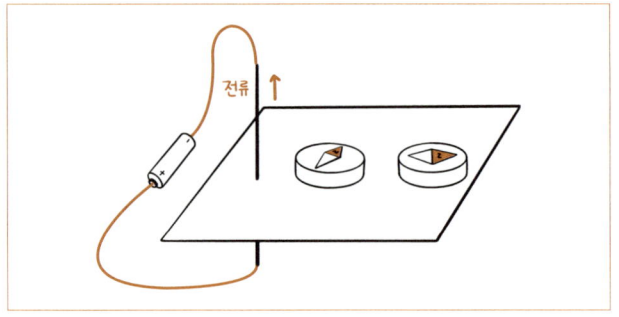

(실험) 전선으로부터 나침반을 더 멀리 두었다.
(결과) 이번에는 나침반이 돌아가지 않았다.
(결론) 나침반이 자기장으로부터 멀면 반응을 하지 않는다는 것을 알아냈다.

과학 실험에서 결과와 결론은 다릅니다. 결과는 누가 실험해도 얻을 수 있는 관측값이고 그것을 논리적인 추론으로 해석한 것이 결론입니다. 결론을 잘 끌어내는 것은 과학에서 아주 중요한 부분이고, 이 부분에서 과학적 사고력이 필요합니다. 나침반이 돌아가지 않았다는 것을 관측했어요. 그런데 결론이 이상합니다.

우선 위 결과로부터 두 가지 가설을 세울 수 있습니다.

가설 1) 나침반이 자석으로부터 멀어지면 반응하지 않는다.
가설 2) 전류가 만드는 자기장은 멀어질수록 약해진다(자기장이 약하기 때문에 나침반이 돌아가지 않았다).

어느 것이 이 실험에서 추론 가능한 가설일까요? 가설 2입니다. 왜냐하면 이미 우리는 나침반의 원리를 알고 있고, 나침반은 눈에 보이지 않는 자기장을 측정하기 위해 가져온 도구니까요. 즉, 자기장이 있는지 없는지 판별하기 위해 나침반을 사용한 것이죠. 이 실험에서 이 학생은 나침반의 역할에 대해 이해하지 못했음을 알 수 있어요.

두 번째로 메타인지가 자랍니다. 무언가를 배울 때 가장 중요한 것은 메타인지 능력이라고 해도 과언이 아닙니다. 제가 명상을 다니고 있는데요, 명상은 정신 수양이지만 정신이 바로 서기 위해서는 우선 몸이 중요하다고 해요. 신체가 유연해야 정신력도 생긴다는 것입니다. 그래서 명상을 하기 전에 먼저 몸을 풉니다. 단전호흡과 비슷하더라고요. 그런데 선생님이 계속 물어보세요. "지금 내 목이 어느 정도까지 돌아갔는지" "내 목이 비스듬히 기울지 않았는지" "양쪽 엄지발가락이 서로 어긋나지 않고 붙는지" 등등 질문이 너무 많으신 거예요. 그리고 계속 관찰할 시간을 줍니다. 속으로 이런 생각이 올라와요. '전문가가 직접 봐주시면 좋을 텐데.' 제 생각을 읽으셨는지 이렇게 말씀하시더라고요. 자기 몸을 스스로 정확하게 아는 것이 중요하다고요. 내 어깨가 한쪽이 올라갔는지, 내 머리가 한쪽으로 기울어졌는지, 스스로 알아차려야 잘못되었다는 것을 알고 수정할 수 있으니까요.

한 연구팀이 서울대 학생들과 일반 대학 학생들을 대상으로 영단어 테스트를 했습니다. 양쪽 집단에게 똑같은 단어를 보여주고 난 후 학생들에게 몇 개 정도를 기억하고 있는지 물었습니다. 양쪽 모두 평균적으로 7~8개의 단어를 기억한다고 말했습니다. 놀랍게도 비슷하죠? 어떤 연구였을까요?

정말 몇 개의 단어를 기억하고 있는지 확인해보니 그 평균은 서울대 학생이나 일반 대학 학생이나 별로 다르지 않았습니다. 기억력에는 큰 차이가 없다는 뜻입니다. 하지만 서울대 학생들은 맞춘 단어의 개수가 본인이 기억한다고 말했던 숫자와 거의 비슷했습니다. 일반 대학 학생들은 스스로 기억한다고 말했던 숫자와 실제로 기억한 개수에 차이가 크게 났습니다. 누가 더 많이 기억하느냐가 아니라 메타인지 능력에 관한 연구였습니다. 일반 대학 학생들 중에는 스스로 기억한다고 말한 개수보다도 훨씬 더 많이 기억하는 경우도 있었습니다. 중요한 것은 메타인지 능력에서 차이가 났다는 것입니다.

스스로를 평가하는 능력은 매우 중요합니다. '내가 모르고 있다는 것'을 모르는 경우가 상당히 많습니다. 글쓰기는 메타인지에 상당히 도움이 됩니다. 글이 잘 써지지 않으면 모르는 거예요. 완전히 소화가 되지 않은 채 글을 쓰면 글이 잘 써지지 않습니다. 반대로 제대로 이해한 내용에 대해 글을 쓰면 술술 써나갈 수 있습니다.

『패러데이가 들려주는 전자석과 전동기 이야기』를 읽고 글쓰기 과제를 내주었습니다. 주제는 외르스테드의 발견과 전류에 의한 자기장, 전자석, 전동기였습니다. 학생들이 제출한 과제를 보고 깜짝 놀랐습니다. 외르스테드의 발견과 전류에 의한 자기장에 대해서는 한 바닥이 넘도록 자세하게 설명했습니다. '와, 대단한걸.' 하면서 읽어내려갔죠. 그런데 전자석과 전동기는 네 줄 남짓이었습니다.

책에 있는 내용을 적당히 잘라 붙여놓아서 정작 필요한 설명은 빠져 있는 등 논리적인 비약도 보였습니다. 같은 학생이 쓴 글이 맞나 싶을 정도였어요. 무슨 일일까요?

수업 시간에는 외르스테드의 실험에 대해 집중적으로 다루었습니다. 책의 문장을 재해석하기도 하고 직접 설명을 해보고 이해했는지 확인하기 위해 짧은 글을 써보기도 했어요. 하지만 시간이 부족하여 전자석과 전동기 부분은 토론을 하지 못했습니다. 그 결과, 글쓰기 과제에서 전류에 의한 자기장 부분은 전자석이나 전동기에 비해 월등하게 좋은 글이 되었습니다.

글을 쓰다가 글이 잘 써지지 않고 막힌다면 내가 제대로 공부한 것이 맞는지 다시 확인해볼 필요가 있습니다. 어른도 마찬가지입니다. 책 한 권을 읽을 때는 고개를 끄덕끄덕 다 이해한 것처럼 느껴집니다. 그런데 책을 덮고 서평 혹은 생각을 글로 표현하려는데, 잘 되지 않는 경우가 많지 않나요? 책을 읽는 순간은 이해했지만 전체적인 구조가 그려지지 않았고, 내 생각으로 정리되지 않았기 때문입니다. 내 것이 되지 않으면 글로 옮기기가 힘듭니다. 반대로 글을 쓰면 내 생각이 명료해집니다. 글을 통해 스스로를 평가할 수 있고, 또 글을 쓰는 과정에서 생각이 탄탄해집니다.

셋째, 완전 학습이 이루어지며 배움의 과정 그 자체입니다. 다음은 『켈빈이 들려주는 온도 이야기』(김충섭 글, 자음과모음 펴냄) 책을 읽고 작성하는 워크지 질문에 대한 학생의 답입니다.

문제 : 온도란 무엇인가?
답 : 물질의 뜨거운 정도를 나타내는 양

추상적인 질문에 걸맞는 추상적인 답이네요. '온도란 무엇인가?'라는 질문에 '물질의 뜨거운 정도를 나타내는 양'이라고 답했습니다. 우선 답은 맞습니다. 그런데 이 학생은 온도가 무엇인지에 대해 정말로 이해했을까요? 이에 대해서는 의문이 드네요. 그렇지 않을 것 같습니다. 이 문장은 책에 나와 있는 표현을 그대로 옮겨 적은 것입니다. 아니, 그럼 과학책에 '온도는 물질의 뜨거운 정도를 나타내는 양'이라고 쓰여 있는데 그 이상 어떻게 설명하나요?

'온도는 물질의 뜨거운 정도를 나타내는 양이다.'라는 문장을 읽으면 어떤 질문이 떠오르나요? 저는 이런 질문이 떠오릅니다. '온도를 양이라고 해도 될까? 무슨 양일까? 뜨거운 정도를 어떻게 나타내기 시작했을까? 어떤 기준으로 나타낼까? 왜 뜨거운 정도를 나타내는 양이 필요했을까? 질문은 이런 생각으로 이어질 수 있겠네요. 사람마다 느끼는 감각이 다릅니다. 저희 아들에게 국에 말아서 밥을 먹이는데 분명 식혔는데 아이가 뜨겁다는 거예요. 놀래서 다시 먹어보니 전혀 뜨겁지 않습니다. "안 뜨거운데."라고 하니 "엄마는 뜨거운 걸 좋아하니까 그렇지!"라고 하더라고요. 아이의 감각과 제 감각의 기준이 다르겠죠. 아마 그래서 온도라는 것을 만들었나 봅니다.

이런 생각을 할 수도 있겠죠. '뜨거운 정도'를 나타내기 위해서 물의 끓는점과 어는점을 이용하여 섭씨온도라는 것을 만들기도 했고, 화씨온도라는 것을 만들기도 했구나. 온도라는 것은 편의를 위해 서로 약속한 값이구나. 그래서 나라마다, 문화마다 다른 기준을 사용했던 것이구나.

그렇다면 온도는 무엇을 측정하는 양일까요? 매우 중요하고 어려운 질문 같지만 이 책을 자세히 읽으면 다음 단원에서 나옵니다. 온도는 분자들의 운동에너지를 측정한 양입니다. 분자들의 운동에너지가 많아서 활발하면 온도가 높게 측정되고, 분자들의 운동에너지가 작다면 온도는 낮게 측정됩니다.

자, 이렇게 떠오른 질문의 답을 연결하여 설명하면 '온도란 무엇인가'에 대한 글이 됩니다. 질문이 떠오르고 그에 대한 답을 곰곰이 생각하다 보면, 왜 교과서에서 이렇게 정의 내리고 있는지에 와닿습니다. 이 과정을 강조하는 이유는 중학생들도 열과 온도를 많이 혼동하며 사용하기 때문이에요. 이것이 공부하는 과정이에요. 머릿속에서 배움이 일어나는 과정입니다. 공부란 공식이나 개념을 그대로 받아들이는 것이 아니라 그 속의 숨은 뜻을 파헤치기 위해 질문하고 생각하는 과정이에요. 그런 고민이 지나가고 나면 조금 다른 글이 나옵니다. '답'을 쓰는 것이 아니라 '글'을 쓰는 것이니까요.

교육의 대부분은 이렇게 이루어지지 않습니다. 교재에 나와 있는 정의가 정말로 의미하는 것이 무엇인지 생각해 보는 시간을 가지지 못하고 받아들이기 바쁩니다. 해야 할 공부가 너무 많아요. 문장 속에 숨은 의미에 대해 생각해 보려는 노력을 하지 못합니다.

넷째, 말로 설명할 때 드러나지 않았던 오개념을 파악할 수 있습니다. 이 경험은 물리를 가르치던 저에게는 아주 중요한 의미였습니다. 그동안 학생들이 왜 물리를 어려워하는지에 대한 이유에 대해 생각을 달리할 수 있었던 출발점이 되었습니다.

물리가 어려운 과목인 이유는 메타인지를 발휘하기가 힘들기 때문입니다. 스스로 충분히 이해하고 공식도 외웠다고 생각하는데 막상 문제를 풀면 어떻게 적용해야 할지 막막합니다. 그런데 학생들에게 물리 개념에 대해 스스로 설명하는 글을 쓰도록 했더니 왜 많은 아이가 물리를 어려워하는지 알 수 있었습니다. 생각 깊숙이 자리한 오개념이 있었습니다.

수업 시간에 학생들에게 직접 설명해보게 합니다. 그때는 분명 설명을 잘했습니다. 다 이해한 것처럼, 중요한 오개념을 가지지 않은 것처럼 설명했습니다. 물리를 가르치는 사람들은 오개념을 매우 중요하게 여깁니다. 저도 그렇습니다. 특히 아이들이 많이 가지는 오개념에 대해 꿰고 있고, 그런 부분은 반드시 스스로 설명하도록 확인합니다. "이해했어?"라는 질문에 "네."라고 대답만 한 것이 아니었습니다. 스스로 설명했을 때도 아주 매끄럽게 잘 설명을 했습니다. '아, 오개념이 없구나. 이걸 이해하다니 대단한데.'라는 생각을 몇 번이나 했는지 모릅니다. 그런데 그 아이에게 수업을 마치고 글을 쓰도록 했더니 숨겨져 있던 오개념이 막 튀어나왔습니다. 물리에서의 오개념은 한 번 가르쳐준다고 사라지지 않습니다. 오랜 기간에 걸쳐 생활 속에서 자리 잡은 생각이기 때문입니다. 그래서 고대 그리스 시대 철학자들이 잘못 생각했던 오개념을 지금 우리 아이들도 가지고 있는 경우가 많습니다.

물체를 던지면 물체는 포물선을 그리면서 날아갑니다. 이때 물체에 작용하는 힘은 '중력'밖에 없습니다. 하지만 아리스토텔레스는 물체가 날아가는 이유를 공 뒤를 따라가는 어떤 힘이 있다고 설명했습니다. 던진 공에는 힘이 계속 작용하기 때문에 공이 날아간다는 것이지요. 수업 시간에 이 부분에 대해 닳도록 깨우쳐 나갔습니다. 반사적으로 잘못된 답을 말하더라도 '아차' 하며 금방 깨닫고 수정하는 수준까지 올라갔습니다. 그런데도 학생의 글에는 깊은 의식 속에 있는 오개념이 그대로 드러났습니다.

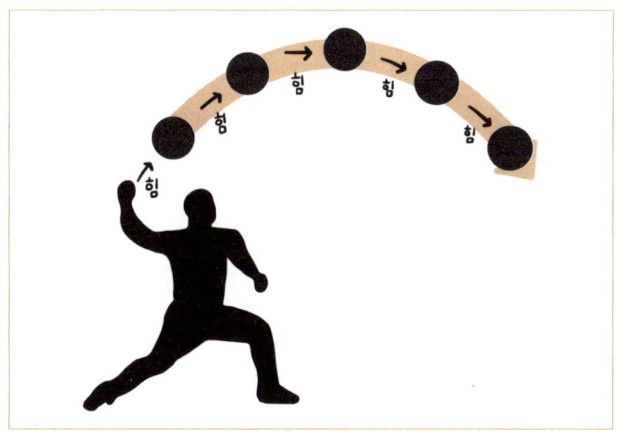

> 아리스토텔레스는 물체가 운동을 멈추지 않고 계속해나가려면 지속적으로 전속을 통해 힘을 전달 받아야 한다고 생각했지만 뉴턴과 갈릴레이는 힘을 계속 주지 않아도 맨 처음 받은 힘이 다 없어질 때까지는 운동을 할 수 있다고 생각했다. 축구공을 발로 세게 찰 때 발이 공에서 떨어져 지속적인 힘을 가하지 않아도 공은 계속해서 움직인다. 이와 같이 뉴턴과 갈릴레이는 힘을 지속적으로 주지 않아도 계속 운동을 할 수 있다고 주장했다.

"맨 처음 받은 힘이 다 없어질 때까지 운동을 한다."

> 마찰이 없다면 계속 움직일 것이다. 비탈을 내려가면서 얻은 힘이 사라지지 않기 때문이다.

마찰이 없으면 물체가 계속 운동하는 이유도 "힘이 사라지지 않기 때문"이라고 설명합니다.

학년이 올라갈수록 성적이 떨어지는 이유입니다. 알고 있지만 정확하게 내재되어 있지 않습니다. 분명 기본 개념을 충분히 이해한 것 같지만 겉으로만 그렇게 보였던 것입니다. 그런 상태가 쌓이고 쌓여 내용이 복잡해지는 고등학교쯤에 가면 어디가 구멍인지도 모르고 터져 나옵니다.

"개념이 중요해요." "기초가 부족해요." 그런데 이 개념 이해라는 것, 기초라는 것이 제대로 판단하기가 어렵습니다. 그러다 보니 문제를 푸는 기술이 부족하다거나 수학과 과학 사고가 떨어진다는 식으로 해석해버립니다. 점점 선행의 강도가 높아집니다.

위 글을 쓴 학생에게 첨삭을 해주며 다시 한번 고민해보도록 했습니다. 자신이 어디에서 잘못 생각했는지 정확하게 찾아서 수정을 했습니다. 같은 실수를 또 하게 될지도 모릅니다. 오개념이란 것이 그래요. 바로 수정이 가능한 내용이라면 처음에 조금 잘못 배우더라도 크게 문제가 되지 않습니다. 하지만 오개념은 오랜 기간 경험으로 얻은 것들입니다. 같은 내용을 마주할 때마다 글쓰기 했던 내용이 떠오를 겁니다. 끄덕끄덕하고 넘어간 것이 아니니까요. 한 번 더 생각하겠죠. 그런 과정이 반복되면서 한 단계 도약하고 기초가 단단하게 자리 잡습니다. 그런데 이걸 꼭 글로 써야 할까요? 말로 설명하면 안 될까요?

다섯째, 말로 할 때와 글을 썼을 때 생각의 깊이는 다릅니다. 아이들과 이런 대화를 한 번쯤 해보았을 거예요. 아이의 말이 앞뒤가 맞지 않아서 수정해주면 이렇게 반문합니다. "제가 언제 그랬어요?" 말은 휘발성이 크기 때문에 방금 무슨 말을 했는지 본인도 정확하게 기억하지 못합니다. 그래서 저는 토론을 할 때도 중요한 발언은 다시 한번 짚어서 글로 남기도록 합니다. 이런 과정에는 두 가지 의미가 있습니다. 하나는 발언자가 자신이 한 말을 다시 읽어봄으로써 한 번 더 생각해봅니다. 또 다른 하나는 토론을 하다가 큰 주제에서 잠깐 벗어나 작은 주제로 흐를 때가 있어요. 그때 왜 지금 이 이야기를 하고 있는지 큰 흐름을 다시 찾아가기 위해서입니다.

글로 표현을 해두면 눈앞에 내가 쓴 글이 보이고, 내가 어떤 이유를 근거로 결론을 도출했는지가 보입니다. 말을 할 때보다 글을 쓸 때 생각이 더 명료해집니다. 저는 이 책에 나오는 내용들을 2년 동안 강의했습니다. 학생들을 모집할 때도, 또 별도로 부모 교육으로 강의를 했던 내용들입니다. 같은 내용을 몇 번이나 반복해서 말을 했죠. 하지만 글을 쓰는 지금 제 생각이 훨씬 더 명료해지고 있다는 것을 느끼고 있습니다. 말보다 글의 힘이 강한 이유입니다. 말보다 글이 학습 효과가 더 큰 이유이지요. 그래서 저는 과학을 가르치지만 문제 풀이보다 글쓰기를 먼저 시킵니다.

이런 이유로 배움을 위한 글쓰기를 포기할 수 없습니다.

아이들이 글쓰기를 상당히 싫어하죠. 그럼에도 불구하고 어떻게 지속적으로 글쓰기를 해나갈 수 있을까 늘 고민하며 꾸준히 해나가고 있는 이유입니다.

그런데요, 중요한 부분이 빠졌습니다. '아! 이렇게 중요하구나!' 하고 오늘 당장 글을 쓰라고 하면 어떤 반응을 보일까요? 힘듭니다. 글을 쓰는 데는 시간이 오래 걸립니다. 엄마도 함께 적어보세요. 요즘 아이들은 너무 바쁩니다. 시간을 충분히 확보해줘야 생각도 하고, 글쓰기도 하고, 질문도 하고, 또 생각하는 사이클이 돌아갈 수 있습니다. 가정에서 과학 글쓰기에 접근하는 방법에 대해서는 PART III 제3장에서 다루겠습니다.

PART III

생각머리 키우는 엄마표 과학

| 제1장 |

내적 동기 꽃피우고
열매 맺기

» 실생활에서 '진짜 과학' 하는 재미

첫째가 네 살 때였습니다. 첫째가 다니던 어린이집은 공동육아 어린이집으로, 매일 오전에 산으로 나들이를 갔습니다. 종일 자연 속에서 노는 아이들은 항상 자연물이 장난감이었습니다. 나들이를 가면, 나무 열매나 돌멩이를 엄마 선물이라며 소중하게 가져오곤 했습니다.

그날은 솔방울을 가져왔습니다. 가방 속에서 솔방울을 꺼내 한참 자랑을 하더니 갑자기 심각한 표정으로 솔방울을 뚫어지게 바라보는 것입니다.

"엄마, 솔방울에 흙이 많이 묻었어. 씻어주고 올게."라고 하더니 화장실로 들어갔어요. 저녁 먹을 시간인데 30분이 지나도록 나오지 않습니다. 뭘 하나 궁금해서 불렀더니 아주 환희에 찬 목소리로 소리를 지르며 뛰어나왔어요.

"엄마! 이봐. 솔방울이 이렇게 변했어."

쫙 펼쳐져 있던 솔방울은 언제 그랬냐는 듯 가지런히 모여서 새초롬해져 있었어요. (너무 당연하지요?)

"아, 맞아! 그렇지. 솔방울은 물이 많으면 이렇게 오므라져."

아이는 물 묻은 솔방울을 한참 동안 바라보더니 물었습니다.

"그럼 다 마르면 다시 펼쳐져?"

"그럼 그럼. 우리 내일 아침에 일어나서 확인해볼까? 이제 저녁 먹자."

다음 날 아침, 잠에서 깬 첫째는 눈을 뜨자마자 거실로 달려나갔습니다. 잊지도 않았나 봅니다. 저는 아직 이불 속에서 일어나지도 않았는데 거실에서 첫째의 기쁜 목소리가 들려옵니다.

"엄마, 엄마. 이봐. 솔방울이 다시 벌어졌어."

저희 가족은 솔방울 앞에 모였어요. 정말 솔방울은 활짝 벌어져 있었지요.

"정말 신기하다. 그치?"라는 말로 마무리 지으려는데 갑자기 첫째가 묻습니다.

"왜?"

"응?"

"왜 솔방울은 물이 있으면 오므라들고, 물이 없으면 벌어져?"

아! 한 번도 생각해보지 않았네요. 그저 그걸 이용해서 가습기로 활용할 수 있다는 사실만 들었지, 왜 그런지는 생각해보지 않았던 것입니다. 저희는 눈곱도 떼지 않은 채로 거실에 모여 앉아 이야기를 나누기 시작했습니다.

아이 아빠가 먼저 말했어요.

"씨를 퍼뜨리기 위해서가 아닐까?"

"아! 그렇구나. 습도가 높은 날은 씨가 멀리 가지 못하니까 씨가 날아가지 않도록 오므라들고 습도가 낮은 날은 씨가 멀리 갈 수 있을 테니 벌어지는 거야."

참 별거 아닌데 괜스레 기뻤어요.

이어서 흥분하며 말했습니다.

"맞아! 소나무는 풍매화잖아. 초등학교 때 배웠던 것 기억나?"

(사실 소나무는 풍매화지만 씨가 바람에 날아가는 것과는 상관이 없어요. 풍매화는 수분을 바람이 시켜주는 것이고, 소나무가 풍매화이기 때문에 봄에 송진 가루가 날리죠.)

엄마, 아빠의 대화를 듣고 있던 아이가 다시 물었습니다.

"그럼 씨는 어디에 있는데?"

"아! 그렇네. 씨가 어디에 있지?"

그러고 보니 소나무 씨를 본 적이 없었습니다. 송진 가루는 봄에 질리도록 보는데 말입니다. 산에 소나무가 그렇게 많은데 씨에 대해 생각해본 적이 없다는 사실을 아이의 질문을 통해 알게 되었습니다. 저희는 다시 소나무의 씨가 어디에 있을지에 대해 생각하기 시작했습니다. 약간의 침묵이 흐르자, 제가 먼저 농담 삼아 말했어요.

"솔방울이 소나무 씨가 아닐까?"

그 말에 아이는 눈을 번쩍 뜨며 반문했습니다.

"엄마, 그게 말이 돼?"

"왜 말이 안 돼? 그럴 수도 있잖아."

"솔방울에서 뿌리가 나는 걸 봤어? 솔방울은 뿌리가 안 나. 그러니까 씨가 아니야."

아, 그렇구나. 네 살 아이의 머리에서 이런 논리가 나오다니. 저는 아이를 뚫어지게 바라보았습니다.

"씨는 여기 사이에 들어 있는 게 아닐까?"

결국 저희는 토론 끝에 이런 결론에 도달했습니다.

"소나무가 오므라들고 벌어지면서 씨를 내보내는 거니까 이 벌어진 사이에 씨가 들어 있을 것 같아."

모두 동의했어요.

"그럼 씨가 어떻게 생겼을까?"

"멀리 날아가야 하니깐 날개가 달렸을 것 같아."

아이의 생각이었어요.

"그래. 엄청 가벼울 것 같아. 깃털이 달렸을까?"

우리는 아주 조그만 씨에 민들레 씨처럼 가벼운 날개가 달렸을 것이라고 생각하며 그날의 아침 토론을 마무리 지었습니다.

그로부터 며칠 후 아이는 또 나들이에서 솔방울을 가져왔어요. 그런데 놀랍게도 그 솔방울 안에는 씨가 있었습니다. 조심스럽게 씨를 빼보았어요. 저희가 상상했던 씨가 어떻게 생겼는지 직접 마주하는 순간이었습니다. 이게 뭐라고 긴장됩니다.

아이는 그 씨를 보물상자에 담았습니다. (1년 뒤에도 그대로 담겨 있더라고요.)

소나무 씨가 궁금하다면 어떻게 하면 좋을까요? 인터넷 검색을 해보았다면 당장 이미지를 볼 수 있었을 거예요. 간단하고 빠르게 '답'을 찾을 수 있었겠지요. 하지만 저희는 그렇게 하지 않았습니다. 그날 아침 식사가 늦어질 만큼 이야기를 이어갔고, 그 시간이 정말로 소중했습니다.

네 살인 아들은 그 시간을 기억하지 못할지도 모릅니다. 하지만 그 '사건'을 기억하지 못한다고 해서 그날의 '기분'까지 잊히는 것은 아니에요. 우리는 소나무 씨를 발견했을 때의 기쁨을 함께 누렸고 배움의 즐거움을 맛보았습니다. 수분에 반응하는 솔방울을 보며 소나무는 바람으로 씨를 퍼뜨릴 것이라는 점을 유추해냈습니다. 그리고 그 씨가 어디에 있을 것인지 가설을 세웠고, 어떻게 생겼을지도 상상해보았어요. 진짜 소나무 씨를 만났을 때 발견의 기쁨도 누렸습니다.

'소나무 씨가 어떻게 생겼는지' 하는 사실이 중요한 것이 아닙니다. 어떻게 궁금증을 함께 해결했는지가, 그 과정이 중요하지요. 이런 과정을 통해 내적 동기가 생겨요. 내적 동기는 스스로 사고하고 결실을 맺었을 때 더 피어납니다.

지나고 나서 생각해보니 토론 과정에서 제가 잘못된 지식을 전달했습니다. 소나무 씨가 바람에 날리는 것을 '풍매화'라고 표현한 것이에요. 하지만 그건 큰 문제가 아니었습니다. 덕분에 다시 '송진 가루가 날리는 것'과 '씨가 날리는 것'에 대해 이야기를 이어갈 수 있었으니까요(엄마가 과학 전공자가 아니라서 잘못 가르칠까 봐 걱정하지 않아도 됩니다). 수분의 매개체와 씨를 퍼뜨리는 방법은 다르다는 것을 알게 되었고, 그렇다면 '민들레를 풍매화라고 표현하는 것은 잘못된 것이 아닐까?'라는 새로운 질문으로 연결되었습니다. 민들레는 노랗고 이쁜 꽃이 필 테니 충매화일 것이라는 결론을 내렸지요. 이 질문은 제가 수업 시간에 가장 많이 쓰는 질문이 되었어요. 초등학교 때 의미도 모른 채 외웠던 충매화, 풍매화, 수매화, 조매화에 관한 시험이 떠올랐습니다. 제가 오랫동안 생물을 싫어했던 이유였어요. 대체 이런 걸 내가 왜 외워야 한담? 하지만 이제는 그 내용들이 새롭게 다가왔어요. '아! 이래서 과학자들은 이런 용어를 만들었구나.'

실생활 속에서 과학을 발견하고 연결 짓는 즐거움, 스스로 생각하며 과학적 결론을 도출하는 과정과 그 속에서 느끼는 즐거움이 진짜 과학을 하는 재미가 아닐까요?

» 유레카! 자석 블록의 비밀을 찾다

아이와 함께 친정에 저녁 식사를 하러 갔습니다. 아이는 집에서 가지고 놀던 자석 블록을 챙겼습니다. 엄마가 밥을 차리는 동안 저희 아빠는 아이가 가지고 노는 자석 블록을 한참 바라보더니 신기한 듯 물었습니다.

"이거 왜 붙는 거지? 원리가 어떻게 되는 거지?"

저는 너무나 당연하다는 듯 말했습니다.

"자석이잖아."

'설마 아빠가 그걸 몰라서 묻는 건 아닐 텐데…….'

"이것 봐. 자석이면 서로 밀어내는 것도 있어야 하는데 항상 붙잖아. 게다가 세 개도 붙고."

그러고 보니 이상했어요. 자석 블록 안에는 원기둥으로 된 자석이 들어 있었습니다. 자석은 달라붙기도 하지만 항상 붙지는 않아요. 같은 극끼리는 밀어내야 하지요. 하지만 자석 블록은 세 개를 붙여도, 어떤 방향에서 붙여도 서로 달라붙습니다. 이상하지 않나요?

저희는 온 가족이 머리를 맞대고 고민했습니다. 도대체 왜 자석 블록은 항상 붙기만 하는 걸까. 네 살 아이는 옆에서 어리둥절해하며 어른들의 대화를 듣고 있었습니다. 블록 속 자석의 움직임을 관찰하며 이렇게 저렇게 다른 자석을 붙여보았습니다. 그리고 곧 알게 되었지요. 자석 블록

속에는 엄청난 비밀이 숨겨져 있다는 것을요!

 일반적으로 자석은 위아래가 N극과 S극으로 나뉩니다. 저도 모르게 기다랗게 생긴 자석은 위와 아래가 N극과 S극일 것이라고 생각했습니다. 하지만 자석 블록 안에 있는 원기둥 자석은 위아래로 극이 나뉜 것이 아니라 원기둥의 옆면이 N극과 S극으로 나뉘어 있었습니다. 다른 자석을 가까이 가져가면 원기둥이 반 바퀴 돌면서 항상 다른 극이 되어 인력이 작용하는 것이었습니다.

 세상에 이럴 수가요. 유레카! 저희는 소리를 지르며 감탄사를 연이어 뱉어냈습니다. 이렇게 단순한 원리로 자석 블록은 엄청난 수익을 보고 있었던 거예요. 자석은 위아래로 다른 극이라는 고정관념을 깨고 나니 이렇게 멋진 장난감이 탄생했습니다. 우리는 질문하고 관찰하고 생각하며 토론하는 과정을 통해 답을 찾았을 뿐 아니라, 생각의 전환이 얼마나 중요한지 깨달았습니다. 네 살 아이는 이 과정에 참여하지 않았지만, 어른들이 생각을 나누고 답을 찾아가는 모습을 지켜보았어요.

그날 저녁, 저는 또 다른 생각을 붙잡고 있었습니다. 이런 질문을 던지고 생각하던 아빠의 모습에서 '나는 이런 환경에서 자랐구나. 가정에서밖에 해줄 수 없고 가정에서 해줘야만 하는 가장 소중한 선물이 아닐까.' 하고요.

» 학습만화의 문제점과 활용법

재작년 일입니다. 이제 막 『과학공화국』(자음과모음 펴냄) 시리즈로 독서 수업을 시작했을 때였어요. 그날은 유준이가 처음으로 수업에 참여했습니다. 수업을 마친 후, 부모님에게 상담 전화를 드렸습니다. 제일 먼저 여쭈어본 것은 "학습만화, 많이 읽지요?"였습니다. 어머니는 약간 당황하시며 그동안의 고민을 토로하셨습니다. 유준이는 과학을 좋아했습니다. 지식도 아주 많았습니다. 하지만 그 지식을 사용할 줄 몰랐습니다. 어려운 용어들을 알고, 비슷한 상황에서 '용어'를 내뱉을 수는 있지만, 그 '용어'를 적용하여 문제 상황을 해결하진 못했습니다.

중학교에 근무할 때 수업을 마치고 나면 저를 따라 나

오면서 질문을 하던 학생이 있었습니다. "선생님, 양자역학이 뭐에요?" 이런 질문이었습니다. 당시 저는 첫 발령을 받은 새내기교사였어요. 무척 당황했지요. '아니, 중학생이 양자역학을 어떻게 알지? 와, 정말 대단하다.'라며 놀라기도 하고 요즘 아이들은 역시나 학습력이 높다고 생각했어요. 그런데 그 학생과 대화를 나눠보면 앞뒤 맥락 없이 '양자역학'이라는 용어만 알고 있었습니다.

학습에 '흥미'를 이끌기 위해 가장 많이 사용하는 방법이 무엇일까요? 아마도 가정에서는 학습만화와 유튜브와 같은 영상매체일 것 같습니다. 영상매체는 교사들도 많이 활용하는 방법이에요. 그렇다면 '학습만화'와 '영상'은 내적 동기일까요, 외적 동기일까요? 출발선은 외적 동기입니다. 하지만 외적 동기를 위한 방법으로 끝날 수도 있고, 이를 활용하여 적절하게 내적 동기를 불러일으킬 수도 있습니다.

이번 장에서는 학습만화를 긍정적으로 활용할 수 있는 방법을 소개하겠습니다. 학습만화가 쏟아져 나오고 있는 시대입니다. 도서관에 갈 때마다 어린이 도서관에 즐비하게 꽂혀 있는 학습만화를 보면 안타까운 마음이 들 때가 많습니다. 특히 초등학생들이 책을 읽고 있는 모습을 보면 대견하기도 하지만, 대부분이 학습만화입니다. 몇 년 전만

해도 저는 학습만화에 부정적이었습니다. 요즘은 학습만화의 자극 정도를 낮추고 정말 어려워서 접근하기 힘든 고전들을 쉽게 소개하려고 시도하는 좋은 책들도 많이 보입니다. 여기서 중요한 포인트는 '쉽다'가 아니라 '자극 정도를 낮추었다' '내용이 알차다'입니다.

학습만화 자체는 장점도 많습니다. 어려운 내용을 아이들 눈높이에 맞춰 이해하기 쉽게 그림으로 표현하였어요. 관심을 가지지 않던 분야의 책도 편하게 읽을 수 있지요. 저도 제가 잘 모르는 영역의 책은 어린이용 도서나 만화를 먼저 접합니다. 그 경험은 마중물이 되어 다른 책으로 확장할 수 있는 좋은 기회가 될 수 있다고 봅니다.

하지만 문제는 여기서 발생합니다. 아이들은 내용에 대한 호기심이나 흥미로 책을 접하게 되는 것이 아니라, 엄마가 책을 읽으라고 하는데 읽을 책을 찾다 보니 학습만화입니다. 때로는 워낙 관심이 없는 분야가 있으면 걱정이 되어 학습만화라도 읽으라며 권하는 경우가 많습니다. 가령 과학을 싫어하는 아이가 학습만화를 통해서 '지식'을 좀 쌓았으면 하고 기대하는 것입니다.

학습만화의 문제점

이렇게 접근했을 때는 두 가지 문제가 발생합니다. 하나는, 이 시간 동안 정말 길러야 할 문해력이 높아지지 않는다는 것입니다. 독서를 했고 '지식'을 얻었습니다. 하지만 독서를 한 시간만큼 '독서력'은 적립되지 않았습니다. 학습만화는 문장의 호흡이 짧아 이해하려는 노력이 많이 필요하지 않습니다. 특히 지식책인 경우 그 원리나 개념이 나오게 된 배경을 연결지어 다루는 것이 아니라 지식에 대한 단편적인 정의만 전달하고 있어요. 게다가 과학과 전혀 무관한 이야기 속에 과학 지식을 녹이려다 보니 별도로 과학 내용을 보충하는 예도 많습니다. 대부분의 아이들이 이 내용은 제대로 읽지 않습니다. 오히려 문제집 공부와 마찬가지로 '아! 이 단어, 들어봤어. 내가 아는 거네.'라며 안다는 착각에 빠질 수 있습니다. 학년이 올라갈수록 그 학년에 맞는 문해력이 함께 높아져야 하는데, 독서는 열심히 한 것 같지만 문해력이 높아지지 않으니 학년이 올라갈수록 공부가 힘들어집니다. 초등 과정에서 배워야 하는 것은 세상의 모든 지식이 아니에요. 너무 성급하게 아이들에게 어려운 용어나 개념을 주입하는 것은 아닌지 생각해봐야 합니다. 아이들이 어려운 용어를 사용하면 대단하다고 생각해요. 초등학생이 양자역학이라는 말을 하면 '우와!' 하며 바라봅니다. 하지만 어려운 용어를 아는 것보다 중요한 것은 아는 것을 제대로 적용하고 활용할 수 있는 능력입니다.

다른 하나는 '만화'라는 형식 또는 그 스토리가 재미있어서 학습만화를 읽는 경우 '내적 동기'로 이어지지 않는다는 점입니다. 학습만화는 재미있게 읽었지만, 정작 내용에 대한 호기심이 생기지 않아 같은 주제의 심화된 책으로 연결되기 어렵습니다. 게다가 학습만화는 세트 구성이에요. 한 권을 읽고 나면 새로운 주제의 학습만화를 선택합니다.

저희 집은 매달 어린이 과학동아를 구독하고 있는데 항상 구독을 망설이게 되는 아쉬운 점이 있습니다. 만화의 분량이 책의 절반이 넘는다는 것이에요. 그래도 메인 주제를 보기 위해 구독하고 있습니다. 집으로 책이 배달되면 일곱 살인 첫째가 관심을 가지고 들고 옵니다. 그림을 살펴보며 첫째가 관심을 가지는 주제와 메인 주제의 기사를 먼저 읽고(대체로 관심을 가지는 주제는 메인 주제와 일치해요) 처음부터 다시 차근차근 살펴봅니다. 아직 글을 읽지 못하는 첫째는 항상 그림을 보며 설명해달라고 합니다. 그렇게 어린이 과학동아를 읽어가다 보면 만화가 나옵니다. 그런데 놀랍게도 아이는 이렇게 말해요.

"이건 재미없는 거야. 넘기자."

만화를 보고 오히려 재미없는 부분, 이상한 부분이라고

넘기는 것을 보며 처음에는 조금 놀랐습니다. 그런데 어쩌면 아이들은 처음부터 만화에 흥미를 두는 건 아닐지도 모른다는 생각이 들었었습니다. 그런 형식의 책은 읽어본 적이 없으니까요.

학습만화는 징검다리로 활용

그런 아이와 학습만화를 읽은 적이 있습니다. 첫째가 이순신 장군에 빠져 있을 때, 도서관에서 이순신에 관한 그림책을 모두 빌렸습니다. 제주도 도서관 몇 군데를 돌아다니며 책을 빌려보고 나니 더 이상 볼 그림책이 없었어요. 이제는 내용이 짧은 그림책보다 더 자세한 내용을 원하기도 했고요. 그래서 아동도서 코너에서 이순신 책을 찾게 되었는데, 그때 『who?』(다산어린이 펴냄) 시리즈를 만났습니다. 처음에는 모든 대사를 읽어주진 않고 굵직굵직한 이야기만 해주었습니다. 몇 번 반복하다 보니 책 전체를 읽어주게 되었어요. 아이는 매일 저녁 책을 읽어달라고 했고, 그 한 권을 다 읽어야만 잠이 들었습니다. 도서관에서 책을 빌릴 수 있는 2주 동안 매일 반복해서 읽었어요. 그 책을 반납한 후에는 다른 학습만화가 아니라 자연스럽게 이순신 장군의 초등 저학년용 줄글 책으로 넘어갔습니다.

아직 어리기 때문에 줄글 책을 읽기엔 무리가 있었고,

그렇다고 그림책으로는 만족하지 못했을 때 학습만화는 둘 사이의 징검다리 역할을 톡톡히 해주었습니다. 책만 읽진 않았습니다. '충무공 이야기'와 '전쟁기념관」 임진왜란 전시장을 보기 위해 제주에서 서울까지 올라갔습니다. '명량해전' 그림책을 읽을 때는 영화 「명량」의 일부분을 함께 보았고, 말을 타고 활을 쏘러 다녔습니다. 이순신 동상이 있는 곳을 찾아다녔습니다. 이순신 책에는 지리적 용어가 많이 나옵니다. 집에 커다란 한국 지도를 붙여놓고 책을 읽다가 멈추고 어느 지역인지 찾아봅니다. 하루는 책을 읽다가 '백두산 근처-동일비보'라는 문장이 나왔습니다. 동일비보가 어려운 것 같아서 찾아보자고 했더니 "백두산 근처니깐 여기 위야!"라며 백두산 근방을 가리킵니다.

  그런 활동들은 함께 버무려져서 아이는 이순신에 대해 더 알고 싶어 했습니다. 경험과 독서는 임진왜란 때 싸운 다른 장수들 그리고 역사상 전쟁을 잘했던 다른 위인들에게로 호기심이 확장되는 계기가 되었습니다. 이순신에 관한 학습만화를 읽었지만, 다른 학습만화로 넘어가는 것이 아니라 더 깊이 있는 책으로 호기심을 채웠습니다. 또한 화포를 만든 최무선, 영토를 넓힌 광개토대왕의 위인전으로 그리고 이는 또다시 『삼국사기』를 읽는 방향으로 확장되었습니다.

학습만화를 통해 지식을 습득하는 것을 학습 그 자체라고 여겨서는 안 됩니다. '학습만화라도 읽어라.'고 말하는 것은 아이들이 공부했으면 하는 바람이 있지만 스스로 공부하지 않으니 흥미로운 만화의 도움이라도 받자는 생각이에요. 만화라는 흥미로운 요소를 이용한 외적 동기를 활용하는 거지요. 만화라는 요소가 빠지고 나면 학습을 하고자 하는 내적 동기가 남아 있지 않기 때문에 오히려 학습에 대한 의지를 떨어뜨릴 수 있습니다.

학습만화는 어려운 개념을 쉽고 재밌게 전달합니다. 만약 아이가 입자에 대해 궁금해해요(가끔 초등 저학년인데 입자나 쿼크에 관심 있는 아이들도 있어요). 그런데 입자나 쿼크에 관한 책은 많지 않거든요. 그런 아이에게 학년보다도 수준이 높은 책을 먼저 쥐여주면 지레 포기해버리겠지요. 아이의 눈높이에 맞는 만화 형태의 책으로 쉽게 접근할 수 있도록 도와줍니다. 하지만 그 뒤에는 다른 주제의 또 다른 학습만화가 아닌 그 책보다 조금 더 높은 수준의 책으로 한 주제를 깊게 파는 경험을 제공해주는 것이 좋습니다. 그렇게 다음 책으로 넘어가기 위해서는 능동적인 독서가 필요해요.

가장 좋은 독서는 책을 빨리 읽는 것도, 책을 읽으면서 지식을 많이 습득하는 것도 아닙니다. 많은 생각을 하면서 읽는 독서가 가장 좋은 독서예요. 그렇다면 책을 읽으면서 무슨 생각을 할까요? 어떻게 능동적인 독서로 이끌 수 있을까요? 질문하기, 내 경험 이야기하기, 내가 알고 있는 기존 지식과 연결하기, 그 외 관련 실험이나 과학관 탐방하기 등이 있습니다.

아이들에게 적절하게 외적 동기를 사용하는 것은 내적 동기와 이어질 수도 있습니다. 이때 부모와 교사는 '어떤 요소'로 흥미를 유발하고 있는지 세심하게 살피고 고민해 볼 필요가 있습니다. 외적 동기에 전적으로 의존한다면 내적 동기를 키우는 것이 아니라 오히려 더 강한 외적 자극만 쫓는 일이 될 수 있음을 유의해야 합니다.

» 유튜브로 내적 동기 높이는 방법

유튜브는 모든 엄마가 가장 많이 걱정하는 영역입니다. 닐 포스트먼이 「세서미 스트리트」를 보며 우려했던 바로 그 순간이 또 한 번 일어나고 있는 것 같습니다. '이왕 보는 거, 이건 학습용이니까 괜찮겠지. 여기서 뭔가를 배울 거야.' 하는 생각으로 아이들 손에는 휴대폰과 태블릿이 하나씩 주어지게 되었습니다. 이미 학습을 가장한 유튜브 채널이 많이 쏟아지고 있습니다. 재미있어서 아이들은 몰입해서 봅니다. 이는 외적 동기일까요, 내적 동기일까요?

유튜브 동영상도 학습만화와 마찬가지로 긍정적인 기능이 있습니다. 특히 과학에서는 매우 스케일이 커서 혹은 반대로 너무 스케일이 작아서 직접 눈으로 보거나 경험하기 힘든 현상들도 많습니다. 눈에 보이지 않기 때문에 더 어렵고 흥미가 생기지 않는 것을 간접적으로 경험할 수 있습니다. 또 직접 해보기에는 위험한 실험들을 편하게 집에서 볼 수 있지요. 과학의 문턱을 낮춰주는 양질의 자료도 매우 많습니다.

하지만 같은 자료라도 어떻게 접근하는지가 중요합니다. 특히 공부란 무엇인지 그 방법을 배워가는 학생들에게는 더 중요합니다. 여기서 잠깐, 자기주도학습이란 무엇일까요? 학원에 다니지 않고 스스로 공부하는 것이 자기주도학습일까요? 아니에요. 내가 무엇을 볼 것이며, 어떤 도움을 받을 것인지를 스스로 결정하는 것이 자기주도학습입니다. 유튜브에 많은 영상도 마찬가지예요. 지금 내가 무엇을 배우고 있고, 왜 배우고 있는지 스스로 결정한 후에 그에 필요한 자료를 참고자료로 사용해야 합니다.

과학 실험 영상의 경우 실험 현상만 보여주고 끝이 나진 않습니다. 영상 후반부에는 왜 그런 현상이 보이는지에 대해 과학 이론과 원리를 설명해줍니다. 혹시 그렇기 때문에 더 유용하다고 생각하나요?

어떤 실험 영상을 봤습니다. '우와, 신기하네.'라고 생각했습니다. 동시에 영상은 계속 흘러가서 왜 그런 신기한 결과가 나오는지에 대해 이러쿵저러쿵 설명해줍니다. '아, 그렇구나.' 이해가 된 것 같습니다.

정말 그 현상이 '왜 일어나는 것인지' 원리가 이해되었을까요? 그렇지 않을 가능성이 훨씬 큽니다. 수업하다 보면 유튜브에서 본 신기한 실험에 관해 설명하는 아이들이 있어요. "선생님, 제가 전에 봤는데요."라며 말을 꺼내지만 실험의 일부분에 대해서, 혹은 가장 신기했던 부분에 대한 기억만 조각조각 가지고 있어요. 원리는커녕 실험 자체를 잘못 떠올리는 경우도 매우 많습니다. 이것이 영상이라는 매체의 한계입니다.

책과 영상의 가장 큰 차이점은 '속도'예요. 책은 독자가 원하는 속도대로 읽어나갈 수 있습니다. 독자의 수준만큼 '생각'이 들어갈 자리가 생깁니다. 하지만 영상은 독자가 생각하는 속도를 맞춰주지 않습니다. 오히려 생각이 들어오려고 하면 지겨움을 느끼기 때문에 생각이 들어갈 틈이 없도록 만들어야 인기 있는 영상이 됩니다. 정신없이 실험을 보고 '와, 신기하네.' 딱 이만큼의 생각이 들 찰나에 이미 영상은 다음으로 넘어가서 그 결과를 설명하고 있습니다. 앞에서 말한 선생님의 수학 풀이 과정을 듣고 끝내는 것과 같습니다.

유튜브 영상 똑똑하게 활용하기 - 반복해서 보기

하지만 저도 수업 시간에 필요한 영상은 많이 활용하는 편입니다. 어떻게 하면 외적 자극이 아닌 내적 자극으로 연결 지을 수 있을까요?

아래 QR코드를 찍으면 실험 영상이 나옵니다. 스포이드를 누르면 갑자기 스포이드 막대가 사라지는 마술 같은 영상이에요. 영상의 길이는 10초로 매우 짧습니다. 수업 시간에 이 영상을 보여주었습니다. 아이들의 첫 반응은? "우와!"였습니다.

https://youtu.be/QcC1uBwmOAY

　실험 영상을 한 번 보고 무슨 일이 어떻게 일어난 것인지 척척 설명할 수 있을까요? 아니면 '우와, 정말 신기한데. 이거 무슨 일이지? 내가 꼭 원리를 밝혀봐야겠어!'라는 호기심이 생길까요? 그렇지 않습니다.

　대부분의 반응은 "우와."에서 끝납니다.

　그때 실험 영상을 다시 보여줍니다. 계속 반복해서 보여줍니다. 신기한 부분을 계속 노출을 시킵니다. 그렇게 보고 나면 하나씩 관찰하기 시작합니다. 처음에는 스포이드 막대가 사라지는 것만 봤다면, 그다음에는 스포이드 막대가 담겨 있는 통을 봅니다. 안에 어떤 투명한 액체가 있음을 알게 되고, 공기 방울도 보입니다. 점점 관찰하는 것이 늘어납니다.

　처음에는 그저 신기했는데 곧 '내가 왜 신기하다고 느꼈는지'에 대해 생각합니다. '아, 스포이드 막대가 갑자기 사라지니까 신기했구나.'를 인식하게 됩니다. 그다음에는 상황이 보여요. 스포이드는 어떤 액체에 담겨 있고, 스포이드를 누르니 막대가 사라졌어요. 그럼 이런 생각이 떠오르죠. '스포이드를 누르면 어떤 일이 일어날까?' 우리가 보통 스포이드를 사용하는 원리가 생각나요. 스포이드를 누르면 안에 있는 공기가 빠져나가겠죠. 그러니까 기포가 올라오는구나. 그렇다면 저 기포는 공기 방울이야. 그리고 공기가 나갔으니까 빈자리가 생겼구나. 그 빈자리에 액체가 들어왔네. 관찰의 힘입니다.

이쯤되면 아이들 입에서 "아!" 하는 탄성이 나옵니다. "아! 스포이드 안에 액체가 들어갔어요. 그러니까 우리 눈에 사라진 것처럼 보여요." 초등 4~5학년이 이런 단계를 밟아 생각해냅니다. 스스로요.

물론 과학 원리는 여기서 끝나진 않습니다. 아직 갈 길이 머네요. 스포이드 안에 바깥과 같은 액체가 들어갔다고 해서 왜 사라져 보일까요? 이것은 또 다른 질문입니다. 이 질문을 품고 빛의 굴절을 배웁니다. 처음에는 그저 신기했는데, 이제 그 10초 찰나 동안 어떤 일이 일어났는지 스스로 퍼즐 조각을 맞추었습니다. 상황을 논리적으로 정리했고, 다음 질문을 끌어냈습니다. 스스로 알아냈다는 성취감을 느꼈고, 더 궁금한 것이 생겼습니다.

만약 이렇게 했다면 어땠을까요?

"애들아. 봤어? 엄청 신기하지? 이게 왜 그러냐 하면 스포이드를 누르니까 안에 있던 공기가 빠져나간 거야. 그래서 이렇게 기포가 올라오고, 공기가 빠져나간 자리에 밖에 있던 액체가 들어오게 되지. 어쩌고저쩌고…….”

학생들이 집중했을까요? "아! 이해됐어요!"라고 즐거워했을까요? 정말 재미없었을 겁니다. 그렇다면 실험 영상만 한번 보여줬다면 어땠을까요? 마술쇼를 본 기분이겠죠.

실험 영상을 반복해서 보면서 스스로 뇌를 가동시켰어요. 점점 관찰하며 얻는 정보가 많아지고, 생각할 수 있는 틈이 생겼기 때문입니다. 한 단계씩 문제를 해결하고 나자 자신감이 생기고 그다음 과정이 궁금해집니다. '굴절률이 같은 물질이 있을 때 왜 우리 눈은 그 물질을 볼 수 없는지'와 같은 다음 단계를 받아들일 준비가 되었어요.

유튜브영상 똑똑하게 활용하기 - 멈추고 생각해보기

중학교 2학년이 되면 정말 너무너무 재미없는 전기 단원이 나옵니다. 전기만 나와도 어려운데, '자기'라는 이상한 현상이 등장합니다. '전류에 의한 자기장', 이름부터 마음에 들지 않죠. 교과서에서는 전류가 흐르는 도선은 자기장을 만든다고 합니다. 자기장이 뭔지 잘 모르겠지만, 방향을 구하고 크기를 구하는 방법을 알려줘요. 일단 외워봅니다. 원형 도선이라는 것이 있네요. 거기서도 방향을 구하고 크기를 구해요. 또 외워봅니다. 코일이 나왔어요. 다음엔 전선과 자석에 서로 잡아당기는 힘이 작용한대요. 이쯤 되면 물리가 세상에서 제일 싫어집니다.

이 이상한 현상을 찾아낸 사람은 덴마크의 물리학자 외르스테드입니다. 낯선 이름이지만 그의 업적은 아주 놀라운 것이에요. 전기와 자기를 하나로 묶었거든요. 덕분에 전자기학이라는 학문이 시작되었습니다. 이게 정말 대단한 일이에요. (제가 이렇게 말한다고 대단해 보이나요? 그렇지 않죠? 지금 여러분의 뚱한 표정이 보입니다. 저는 늘 강의에서 이것이 얼마나 역사적인 순간인지에 대해 설명하는데 아주 많은 시간을 할애합니다. 그럴 때마다 뚱한 표정을 보아왔습니다.)

전기랑 자석은 다르잖아요? 건전지로 연결해서 전기회로를 만들고 나침반을 가져간다고 나침반이 움직이나요?

움직이지 않아요. 하지만 자석을 가까이 가져가면 나침반이 움직이죠! 전기와 자기는 전혀 다른 현상으로 알려져 있었는데, 이 둘을 묶을 고리를 찾은 사람이 외르스테드입니다. 어떻게 찾았을까요? 건전지와 전선을 연결한 전기회로에 나침반을 가져갔더니 움직이는 거예요. 이상하잖아요. 이상하지 않나요? 외르스테드는 대학에서 수업을 하던 중 우연히 전기회로의 스위치를 눌렀고 그 스위치를 누르자 옆에 있던 나침반이 움직이는 것을 관찰하였다고 전해집니다.

   자, 그럼 그의 일화를 재현한 영상을 볼게요.

https://youtu.be/s5Zh5i016vg

   영상 속의 외르스테드는 전기회로가 있는 실험대 앞에 서 있습니다. 약속 시각을 확인하기 위해 시계를 꺼내는데 나침반을 잘못 가져왔어요. "아이고, 이를 어째." 하며 나침반을 전기회로 옆에 내려놓습니다. 그리고 우연히 회로의 스위치를 손으로 누르게 되는데, 그때 나침반의 변화를 보고 깜짝 놀랍니다. "아니, 이게 뭐야?"라며 스위치를 다시 눌러봅니다.

혹시 위 상황을 모두 관찰하셨나요? 이 영상을 학생들에게 보여주면 저 상황들을 모두 관찰하고 "아, 전선에 전기가 흐른다고 나침반이 움직이다니. 이건 정말 놀라운 발견이네! 이 발견을 확인하기 위해 전극을 변화시키며 재확인 실험을 한 거구나!"라고 반응할까요? 그렇지 않아요. '방금 무슨 일이 지나갔지?'라는 표정으로 앉아 있습니다. 이것이 영상의 속도에요. 이 동영상은 자극적인 영상도 아니며, 수준이 높은 것도 아닙니다. 하지만 이렇게 연이어 지나가는 장면을 보고 흥미나 관심 또는 질문이 생기지는 않습니다.

그럼 다시 한번 볼게요. 외르스테드 앞에 전기회로가 놓여 있습니다. 잠시 화면을 멈추고 생각해봅니다. 전기회로가 무엇인지, 언제 전기가 흐르는지, 지금은 열린회로인지 닫힌회로인지에 대해 질문합니다. 다시 동영상을 재생시키면 시계 대신에 나침반이 등장합니다. 멈춰요. 나침반은 무엇을 하는 물건일까요? 외르스테드가 나침반을 전선 옆에 두었는데 나침반은 반응할까요? 이런 질문을 통해 나침반은 '자석'에만 반응한다는 것. 그리고 지금 테이블 위에는 자석이 없으므로 나침반이 움직이지 않아야 한다는 사실을 떠올립니다. 계속 볼까요? 외르스테드가 우연히 스위치를 눌렀어요. 그런데 나침반이 돌아가요. 외르스테드는 이게 무슨 일이냐며 깜짝 놀라 소리를 지릅니다. "왜 외르스테드는 저토록 놀랐을까요?" 각자 생각할 시간을 주고 돌아가면서 발표해봅니다.

아이들의 생각을 논리적으로 따라가 봅시다.

나침반은 자석에 반응하여 움직이는 물건이에요.
테이블 위에는 자석이 없어요. 따라서 나침반은 움직이지 않아야 해요.
외르스테드가 우연히 스위치를 눌렀어요.
전기회로에 전류가 흘렀어요.
그러자 나침반이 움직였어요!

나침반은 왜 움직인 걸까요?
외르스테드는 무엇을 발견한 것일까요?

전류가 흐르자 나침반이 움직였습니다.
전류도 자석과 비슷한 역할을 할 수 있다는 것을 발견했어요.

이것이 중학교 2학년 과학에 나오는 '전류에 의한 자기장'입니다. 이제 아이들은 외르스테드의 실험이 어떤 의미였는지 설명합니다. 그 의미는 지금 이 내용을 배우는 이유로 연결됩니다.

책이든 영상매체이든 아이들의 뇌가 스스로 가동되도록 유도해야 합니다. 그 과정에서 내적 동기가 자라고, 생각하는 힘이 생겨요. 말을 물가로 끌고 간다고 물을 먹이진 못하지만, 목이 마른 말은 스스로 물을 먹어요. 호기심을 느낀 아이들은 스스로 공부합니다. 아직 생각근육이 여물지 않아 힘들지만 옆에서 이끌어주면 점점 단단해집니다.

아인슈타인은 이렇게 말했습니다.

"나에게 한 시간이 주어진다면 55분은 적절한 질문을 결정하는 데 쓸 것이다."

저에게 한 시간의 수업 시간이 주어진다면, 과학 원리를 최대한 친절하고 자세하게 설명하는 데 그 시간을 쏟지 않습니다. 50분은 함께 질문을 발견하고, 그것이 왜 신기한 현상인지에 대해 여러 방법으로 보여줍니다. 저의 경험을 이야기해줄 수도 있고, 영상을 활용할 수도, 책을 활용할 수도, 아니면 아이들의 경험을 끄집어낼 수도 있어요. 중요한 것은 스스로 신기하다고 느끼고 궁금하다고 느끼게 만드는 것입니다. 이것이 내적 동기예요. 내적 동기가 충만해진 아이들은 스스로 더 탐구합니다(물론 가정에서 그 시간을 확보해주는 것도 중요합니다).

| 제2장 |

재미를 넘어서 과학적 사고력을 키우는 엄마표 과학 실험

» 과학 실험이 오히려 독이 된다?

이쯤에서 실험 이야기를 하지 않을 수 없습니다.

"선생님, 우리 아이는 과학을 정말 좋아해요."

이런 질문을 받으면 다시 물어봅니다. 어떤 점을 보고 아이가 과학을 좋아한다고 생각하는지 말이에요. 대부분의 경우 제가 예상한 답변이 돌아옵니다.

"과학 실험을 좋아해요."

요즘 초등학교 방과 후 수업에서 가장 인기 있는 것은 '과학 실험' 수업입니다. 최근 들어 코딩에 밀리기도 하지만 여전히 많은 아이가 원하는 수업입니다. 왜일까요? 왜 아이들은 과학 실험 수업에 서로 들어가고 싶어 할까요? 정말 과학이 너무 좋아서일까요?

과학에서 가장 흥미 유발을 하기 쉬운 방법은 실험입니다. 어린아이들일수록 만지고 조작하는 것을 즐거워합니다. 그런데 실험을 하기 전에 반드시 생각해봐야 할 문제가 있습니다. 아이가 하고 있는 실험은 그저 즐거운 하나의 활동, 외적 동기로 작용하는 것은 아닌가요?

몇 년 전, 지인을 만나 차를 마시는데, 이런 말씀을 하셨어요.

"우리 ○○가 초등학교 때까지만 해도 과학을 정말 좋아했어. 제일 좋아하는 과목이 과학이었는데, 중학교에 가더니 과학이 그렇게 어렵다네. 초등학교 6학년까지 과학 실험학원에 다녔는데, 너무 좋았거든."

그때 처음으로 재미있는 과학 실험이 어쩌면 '독'이 될 수도 있겠다는 생각이 들었습니다.

아이들의 생각을 들여다볼까요? 과학 실험은 재밌습니다. 적어도 초등 과학 실험학원에서 다루는 과학 실험들은 재밌습니다. 어떤 물질들을 섞으면 거품이 마구 솟아올라오기도 하고, 둥둥 뜨기도 하고 신기한 현상이 많아요. 직접 조작하고 이름이 긴 특별한 물질들을 접해보고 다양한 실험기구를 다룹니다. 그 자체가 즐겁고 뿌듯합니다.

과학 실험학원에서는 어떻게 실험을 할까요? 정해진 주제가 있어요. 실험 보고서에는 친절하게 준비물이 나와 있고 필요한 양도 정확하게 제시되어 있어요. 그리고 실험 과정을 알려줍니다. 어떤 순서대로, 어떤 물질을, 얼마만큼 넣으면 되는지 레시피가 있습니다. 그대로 재현하면 대부분의 실험은 성공합니다. 레시피를 따라 하는 실험에 실패하는 일은 거의 없지요. 즉, 과학 실험학원에서 다루는 것들은 정해져 있는 과정을 보고 그대로 따라서 재현해보는 것이라고 할 수 있겠네요.

실험을 하고 나면 그 속에 숨은 원리를 적어봅니다. 실험 속에 숨은 원리는 그리 쉽지 않습니다. 보통 실험의 수준보다 원리가 더 어렵습니다. 실험을 제대로 이해하고 해석한다기보다는 '재미있는 실험'을 하고 '요약해서 적어본다' 혹은 '읽어본다'에 가깝습니다. 과학키트를 주로 사용하는 방과후수업의 경우에는 내부 구조와 원리를 이해하기 힘들게 키트로 제작되어 오히려 만들기에 가까운 경우도 있습니다. 이렇게 재밌는 과학을 배운 아이들이 중학교에 들어가면 어떻게 느낄까요? 과학 이론의 양이 많아지면서 과학이 복잡하고 어렵습니다. 학교 과학 실험시간에는 그렇게 재밌는 실험을 다루지 않습니다.

우리의 학창 시절을 떠올려볼까요? 과학 실험시간이 즐거웠나요? 과학 실험이란 재미있는 폭발 놀이보다는 실험을 반복하며 측정하고 왜 오차가 생겼는지 분석하고, 오차를 줄여나가며, 결과를 해석하여 결론을 이끌어내는 과정에 가깝습니다.

과학 실험은 과학에 조금 더 친숙해질 수 있는 방법입니다. 하지만 지금 하고 있는 실험이 과학적 사고력도 높이고 있는 것인지는 생각해봐야 할 문제입니다.

그렇다면 실험을 통해 우리는 무엇을 얻고자 하는 것일까요?

첫째, 과학자들의 연구 방법을 배울 수 있습니다.

둘째, 변인통제 능력을 키울 수 있습니다.

셋째, 이론으로 배운 원리를 적용, 탐구할 수 있습니다.

» 과학 실험에서 반드시 키워야 하는 역량 ①

먼저 과학 실험을 통해 과학자들의 연구 방법을 배울 수 있습니다. 과학자들의 연구 방법이 무엇일까요? 이를 알아보기 위해 『노래 부르는 매미』(을파소 펴냄)를 살펴보겠습니다.

여름이 되면 우리 집 마당은 매미에게 점령당합니다. (중략)

그런데 얼마 전까지만 해도 매미의 모습은 어디에서도 찾아볼 수 없었지요. 도대체 어디에서 매미가 나타난 것일까요? 마당을 살펴보니 여기저기에 작은 구멍이 새로 생겼습니다. 매미가 이 구멍에서 나온 것이군요. (중략) 매미의 구멍을 살펴보다가 한 가지 이상한 점을 발견했습니다.
'구멍을 팔 때 나오는 많은 흙은 어디에 버린 걸까?'
구멍 주변 어디에도 파낸 흙이 보이지 않습니다. 두더지는 구멍을 팔 때 파낸 흙을 땅 위에 쌓아두지요. 그런데 매미가 파낸 흙은 어디에도 보이지 않습니다.
- 『노래 부르는 매미』 중에서

이것을 '문제 제기'라고 합니다. 파브르는 여름철에 나타나는 매미가 땅속에서 나온다는 것을 발견하였어요. 그런데 그 구멍이 다른 곤충들의 구멍과는 다르게 보이는 것에서 '이상하다'고 느낍니다. 이것이 연구의 출발점입니다. 모든 과학은 문제에서부터 출발합니다.

'그렇다면 아기 매미도 비단벌레나 하늘소 애벌레처럼 흙을 먹는 것인지도 몰라.' 하지만 아기 매미는 어른 매미와 똑같이 바늘과 같은 입을 가지고 있습니다. 그렇기 때문에 흙을 먹긴 어렵지요.

- 『노래 부르는 매미』 중에서

　가설을 세웠습니다. 파브르는 매미 구멍에 흙이 쌓이지 않는다는 것을 보고 '매미가 흙을 먹는 것이 아닐까.'라는 가설을 세웠습니다. 하지만 이는 옳지 않다고 생각했어요. 왜냐하면 아기 매미의 입이 흙을 먹는 것에 맞지 않기 때문입니다. 이미 알고 있는 지식을 이용하여 가설이 옳지 않음을 이끌어냈습니다.

　구멍에서 밖으로 나온 아기 매미의 몸은 진흙으로 더러워져 있습니다. 앞다리에는 진흙 덩어리가 잔뜩 들러붙어 있습니다. 이상한 일은 퍼석퍼석 마른 땅에서 나오는데도 아기 매미들은 모두 진흙투성이라는 점입니다.
　어느 날 우연히 이유를 알게 되었습니다. 내가 마당 한구석을 파고 있었는데 운 좋게 매미의 집과 딱 부딪쳤습니다. 안에는 매미가 들어 있었습니다. 시간이 갈수록 아기 매미는 색깔이 조금씩 진해지고 몸은 야위어 갔습니다. 나는 손가락으로 살짝 잡아 보았습니다.
　"이크, 젖어 있네."
　아기 매미의 몸에서 투명한 물이 떨어지고 있었습니다. 아, 그랬군요. 아기 매미의 몸이 통통한 것은 몸 안에 물이 가득

차 있기 때문입니다. 왜 구멍 깊숙이 있을 때는 이렇게 물에 흠뻑 젖어 있을까요? 나는 아기 매미를 보면서 곰곰이 생각했습니다.

아기 매미가 마른 흙을 뚫을 때는 오줌을 쌉니다. 오줌에 젖어 부드러워진 흙을 뒤섞은 뒤 배로 밀어 벽에 바르는 것입니다. (중략) 그런데 아기 매미는 물이 없어지면 어떻게 할까요?

- 『노래 부르는 매미』 중에서

진짜 이유는 그 후에 관찰을 통해서 알게 되었습니다. 이 새로운 사실은 다른 질문으로 이어졌습니다. 새로운 문제가 생겼습니다. '아기 매미는 물이 없어지면 어떻게 할까?'라는 것이에요. 이것을 알아보기 위해서 실험을 설계합니다. 실험을 어떻게 설계하면 좋을까요? 실험을 설계하는 단계에서 가장 중요한 것은 변인을 찾는 것입니다. 이에 관한 내용은 초등 과학 교과서 전 학년의 1단원에 자세하게 설명되어 있습니다.

나는 실험을 해보기로 했습니다. 먼저 구멍에서 막 기어 나온 아기 매미를 잡았습니다. 그리고 가늘고 긴 유리병에 집어넣고 위에서 흙을 넣었습니다. 아기 매미 위로 두께가

15cm 정도 되는 흙을 덮었습니다. 아기 매미가 나오는 땅의 흙이 훨씬 단단하고 깊이도 세 배가량 더 깊답니다. 그러므로 매미가 이 유리병 밖으로 나오는 것이 훨씬 쉬운 일이겠지요.

하지만 유리병 속의 매미는 나오지 못했습니다. 유리병 속의 매미는 물이 모자랐습니다.

이번에는 마당의 흙을 파서 구멍 속에 있는 아기 매미를 잡았습니다. 이 아기 매미는 몸이 물로 가득 차 통통했습니다. 이놈을 유리병에 집어넣고 이전과 똑같이 흙을 넣었습니다. 이번에는 어떻게 되었을까요? 아기 매미는 몸에서 물을 줄줄 뿜어내어, 흙을 부드럽게 만들었습니다. 그리고 축축해진 흙을 옆으로 밀어댑니다. 열흘쯤 지나자 드디어 유리병 위로 올라왔습니다.

- 『노래 부르는 매미』 중에서

어떻게 실험을 했나요? 두 가지 실험으로 나누었습니다. 한 유리병에는 흙에서 막 기어 나온 아기 매미를 사용했어요. 이 아기 매미는 땅에서 기어 나오느라 몸에 있는 물을 모두 사용했을 거예요. 다른 유리병에는 땅을 아기 파서 매미를 찾았어요. 이 매미는 아직 올라오지 않았으니

몸속에 물을 가지고 있을 거예요.

　이렇게 실험을 두 가지로 나누어서 설계하는 것을 실험군과 대조군이라고 합니다. 두 실험은 무엇이 다를까요? 하나는 몸에 물이 있는 아기 매미를, 다른 실험은 물이 없는 아기 매미를 사용했습니다. 이것을 조작변인이라고 해요. 하지만 똑같은 유리병과 똑같은 흙을 사용했어요. 이것을 통제변인이라고 합니다. 실험에서 변인요인을 찾는 것은 매우 중요합니다. 만약 한 곳은 축축한 흙을 사용하고 다른 한 곳은 마른 흙을 사용한다면 매미가 올라온 것이 흙 때문인지 매미 몸속의 물 때문인지 알 수 없을 거예요. 과학에서 변인을 다루는 능력은 아주 중요합니다. "에이, 실험에서 이걸 못 찾아?" 하겠지만 이 능력은 과학 공식을 이해할 때도 적용됩니다. 과학문제를 감각적으로 잘 푸는 경우, 변인을 잘 구별하는 아이들입니다.

　파브르가 실험을 관찰했습니다. 몸이 마른 매미는 유리병 속의 흙에서 기어 나오지 못했습니다. 몸이 젖은 매미는 유리병 속의 흙에서 기어 나왔습니다. 이것은 실험 결과입니다. 관찰한 사실을 그대로 작성한 것입니다. 파브르가 아닌 다른 사람이 실험을 해도 같은 결과가 나올 것입니다. 이것을 실험결과라고 합니다. 과학 실험은 여기서 끝이 아닙니다. 유의미한 해석이 필요합니다.

파브르는 이런 결과가 나온 이유를 '아기 매미는 흙에서 나올 때 몸속의 물을 조금씩 사용하여 흙을 단단한 진흙으로 만들어서 올라온다.'라고 설명했습니다. 이것은 그만의 안목으로 실험을 해석한 결론입니다. 과학자들의 연구에서는 결론이 아주 중요합니다. 어떻게 해석하느냐에 따라 노벨상을 놓치기도 합니다.

이것이 과학자들이 하는 실험입니다. 단순하게 정해진 레시피를 보고 요리하는 것과는 다릅니다. 정해진 레시피를 보고 요리를 하면 똑같은 맛이 나와요. 우리도 정해진 실험 과정으로 실험을 하면 똑같은 결과를 얻을 수 있습니다. 실패하지 않지요. 하지만 과학 실험에서 중요한 것은 그 레시피를 만드는 과정입니다. 어떤 가설이 있어요. 이 가설이 옳다면 어떤 변인이 작용할까? 여기서 무엇을 일정하게 맞추어야 할까? 어떻게 실험을 설계할까? 그리고 결과가 나왔어요. 이 결과는 정말 나의 가설을 설명할 수 있을까? 그리고 결론을 이끌어냅니다. 이 과정에서 특별히 더 중요한 단계는 없습니다. 모든 단계가 과학을 해나가는 똑같이 중요한 과정입니다. 가끔 문제만 알려주면 풀 수 있다고 생각하는 분들이 있어요. "학교에서 주최하는 탐구대회에 나가려고 하는데 어떤 주제가 좋을까요? 문제만 주면 잘할 수 있어요!" 문제는 관찰에서 나옵니다. 충분한 시간 주변을 관찰하고 경험하는 데서 문제가 출발해요. 문제를 만들고, 가설을 세우고, 실험을 설계하고, 결과와 결론을 도출하는 일련의 과정이 과학 실험입니다. 초등 과학 교과서에서는 학년마다 1단원에는 실험에 관해 소개하고 있습니다. 그런데 정작 가정에서는 중요하게 여기지 않는 것 같습니다. 과학 실험에서 중요한 것은 '결과'이고 그 원리라고만 생각합니다. 그렇지 않습니다. 과학의 출발점은 문제 제기부터입니다.

과학 실험을 통해 과학자들의 연구 방법을 배울 수 있습니다. 그 연구 방법 속에는 논리적인 사고의 단계가 포함되어 있습니다. 그리고 과학자들이 연구 과정에서 얻는 희열감을 간접적으로 느껴보는 것도 매우 중요합니다. 정해진 실험 과정을 따라 하고 이미 밝혀진 이론에 맞는 결과를 확인해보는 실험은 더 중요한 것을 놓치고 있는 셈입니다.

» 과학 실험에서 반드시 키워야 하는 역량 ②

두 번째로 과학 실험에서 중요한 것은 변인통제 능력입니다. 머리는 아프겠지만 다음은 물리 시간에 많이 본 식입니다.

$$F(힘) = m(질량) \times a(가속도)$$

간단하죠. 이 간단한 식이 왜 그렇게 머리가 아픈지 모릅니다. 그렇지 않나요? 아무리 공식을 외워도 문제를 풀 때는 막막해집니다. 여기는 힘과 질량, 가속도라는 3개의 변인이 있어요. 조작변인, 통제변인, 종속변인입니다.

책상 위에 한 물체가 있습니다. 이 물체에 힘을 줬더니 물체가 움직였어요. 힘을 더 세게 주니 좀 더 빠르게 움직였습니다. 여기서 조작변인은 무엇인가요? 힘입니다. 힘을 더 세게 줄 수도 있고, 더 약하게 줄 수도 있습니다.

이때 물체의 질량은 변할까요? 변하지 않습니다. 통제변인으로 볼 수 있겠네요. 그러면 질량이 변하지 않는 물체에 힘을 세게 주기도 하고 약하게 주기도 했어요. 그에 따라 결과가 변합니다. 어떤 결과가 변하나요? 가속도가 변합니다. 이것이 종속변인입니다.

다시 위의 식을 볼까요? 식을 조금 바꿔야겠네요. 힘은 질량 곱하기 가속도가 아니라, 가속도 = 힘/질량이에요. 어떤 물체가 힘을 받으면 자신의 질량을 나눈 만큼의 가속도를 받게 되는 것입니다. 그게 그거 아니냐고요? 아니에요! 이 변인의 관계를 이해하는 것이 과학에서는 매우 중요하고, 실험을 설계하는 연습을 통해 얻을 수 있는 부분입니다.

전동기를 만드는 실험이 있습니다. 에나멜선으로 감은 코일과 자석이 필요합니다. 정해진 양의 코일과 정해진 자석을 이용한다면 이 실험을 통해 원리는 알 수 있겠지만 거기까지입니다. 하지만 코일의 양을 달리해보고, 자석의 세기를 바꿔보고, 건전지를 바꿔보는 등 변인을 고민하고 여러 방법으로 실험을 해본다면 변인통제 능력까지 키울 수 있습니다.

» 과학 실험에서 반드시 키워야 하는 역량 ③

마지막으로 과학 실험이 필요한 이유는 원리를 탐구하기 위해서입니다. 아마 많은 분이 실험의 목적으로 생각하고 있는 이유와 같습니다. 학원에서 실험을 하고 나면 그 실험의 원리를 이해하고 온다고 생각하지요. 맞아요. 이것도 중요한 부분이에요. 그런데 '정말 아이들이 실험의 원리를 이해했을까?'라는 것은 또 다른 문제네요. 앞서 설명한 유튜브와 비슷한 경우입니다.

한 학생이 실험학원에 다니고 있다고 해서 가장 기억나는 실험을 물었습니다. 잠시 고민을 하더니 "최근에 원생생물 도감을 만들었어요."라고 합니다. 책을 만들었나 봅니다. "책을 어떻게 만들었어?"라는 질문에는 "원생생물 스티커가 있어요. 스티커를 붙여서 만들었어요." 합니다. 그래서 원생생물이 무엇인지 물었습니다. 전혀 답을 하지 못했습니다.

전동기 수업을 하면서 아이들에게 전동기가 쓰이는 예들을 하나씩 찾아보라고 했어요. 그러다가 한 친구가 '스피커'를 말했어요. "스피커는 전동기일까요?" 그때 다른 친구가 스피커를 만들어봤다며 그 스피커를 가져왔습니다. 제가 왜 스피커가 전동기인지 원리를 설명해달라고 했어요. 그러자 "이 스피커는 진짜 스피커 원리는 아니에요."라며 책을 찾기 시작했습니다. 굉장히 과학을 잘하는 친구였거든요. 스피커 실험도 아주 간단합니다. 자석과 코일만 있으면 스피커를 만들 수 있어요. 그런데 키트 실험이 아니면 성공 확률이 낮아요. 얼마나 감을지, 어떤 자석을 사용할지, 실패를 겪으면서 찾아가야 하거든요. 종이컵에 자석을 붙이고 자석 주변에 코일을 감습니다. 전류를 흘러주면 코일이 달린 판이 진동하면서 소리를 만듭니다. 전류가 흐르면 진동하니까 운동에너지가 만들어진 셈이지요. 그래서 스피커도 전동기라고 볼 수 있겠네요. 이 원리를 이해하려면 충분한 '관찰' 시간이 필요합니다. 만들고, 보고서 작성이 끝이 아니라 내가 만든 것을 충분히 관찰하고 활용할 시간도 필요합니다.

요즘은 키트 실험이 너무 잘 되어 있습니다. 편하기도 하지만, 키트로 된 실험에서는 너무 편하게 구성된 것은 아닌지에 대해 생각해보고 선택하시면 좋겠습니다. 직접

회로를 만드는 것이 아니라 회로가 아예 보이지 않게 키판으로 구성된 제품들도 있어요. 만들기는 편하겠지만, 회로를 다루는 방법을 배워야 하는 초등학생이라면 적합하지 않겠지요.

과학을 좋아하는 아이라면 가정에서 실험 재료를 많이 구입해주세요. 스스로 실험을 설계하는 기회, 변인은 변화시키며 실험을 해보고 비교 관찰하는 시간을 많이 주세요. 혹은 실험학원에서 해본 실험을 가정에서 더 확장해주는 것도 좋습니다.

» 흥미를 넘어서 사고력을 키우는 과학 실험

과학 실험이 재미와 호기심에서 그친다면 길게 보았을 때 과학에 대한 흥미를 더 잃어버릴 수도 있습니다. 과학을 배우는 목적은 과학적 사고력, 즉 과학적으로 생각하는 방법을 배우기 위함이에요. 그런데 실험이 재미만 추구하고 과학적으로 생각하는 방법을 배우지 못했다면 중학교, 고등학교에 올라가서 더 복잡해진 과학 이론을 마주했을 때 과학이 어렵고 힘들게 느껴지는 것이 당연합니다.

보통 과학이 어려워진다고 느끼는 지점이 초등 5학년과 중학교 2학년이에요. 교과가 갑자기 어려워지는 게 아니라 아이의 생각하는 수준이 그 학년에 요구하는 수준까지 높아지지 못했기 때문입니다. 배우는 내용이 너무 어려우니 미리 선행 학습을 하거나 흥미를 가지지 못할까 봐 실험학원에 다니는 것은 문제를 근본적으로 해결하는 방법이 되지 못합니다. 아니, 오히려 역효과를 가져올 수 있어요. 암기 위주의 선행은 과학적 사고력이 깊어지는 과정이 아니며 일반적으로 실험도 마찬가지입니다.

"초등 내내 실험학원에 다녔는데, 중학교에 가더니 과학을 싫어해요. 힘들어해요."라는 분을 많이 만났습니다. "첫째를 보내보니 실험학원은 의미가 없어서 둘째는 아예 보내지 않았어요."라는 분들도 계시고요.

그렇다고 해서 실험학원이 필요 없다거나 과학에서 실험을 터부시해도 되는 것은 아니에요. 모든 공부의 원리는 같습니다. 실험 역시 과학자들의 실험을 그대로 재현하는 것에서 넘어 스스로 생각하고 발견하는 과정이 중요합니다. 과학 실험 덕분에 과학이 재미있다를 넘어서 과학 실험을 통해 무엇을 배우고 있는지 살펴보시길 바랍니다.

| 제3장 |

가정에서 시작하는
과학 에세이, 탐구 보고서

» 내 생각을 자유롭게 표현하는 것이 글쓰기의 출발

글쓰기 능력이 중요하다는 것은 알겠어요. 과학에서도 글쓰기가 필요하다는 것도 알겠어요. 하지만 어떻게 지도해야 할까? 하는 생각이 들 것 같습니다. 저도 그랬으니까요. 몇 년 전 과학 글쓰기를 처음 시도하면서 정말 많이 고민했습니다. 중요한 것은 알겠는데 어떻게 지도하는 것이 좋을지는 또 다른 문제였습니다. 그때까지만 해도 글쓰기는 인문의 영역이었어요. 주로 논술학원이나 국어 시간에 배웠어요. 과학 글쓰기는 참고로 할 만한 정보가 많지 않았습니다. 결국 이렇게 저렇게 시행착오를 거치면서 매년 아이들을 통해 저도 배워가면서 과학 글쓰기를 이어오고 있습니다. 지금도 과학 글쓰기에 대해서는 계속해서 방법을 연구하고 있는 중입니다. 여기서는 초등 저학년부터 고학년 과학 에세이까지 단계별로 할 수 있는 글쓰기에 대해 정리해보겠습니다.

배움을 위한 글쓰기의 첫 출발점은 무엇일까요? 일반적인 글쓰기라면 일기나 독후감을 떠올릴 수 있겠습니다. 여기서는 과학 글쓰기에 대해 생각해보겠습니다. 저희는 초등 2~3학년부터 시작하는 수업에서도 전부 서술형 문항으로 된 독서 노트를 사용합니다. 생각을 적거나 아는 것을 설명하는 질문으로 구성되어 있습니다. 수업 시간에 선생님이 답을 적어주거나 받아쓸 수 있도록 불러주지 않습니다. 질문에 대한 생각을 각자 이야기하고 선생님과 함께 내용을 정리하고 나면 그 내용을 글로 옮겨 적는 것은 아이들의 몫입니다. 배움을 위한 글쓰기의 출발점은 '스스로 필기하기'입니다. 필기는 상당히 어려운 작업입니다. 중요한 내용을 파악해야 하고 핵심 내용과 그 이유를 직접 설명해야 하니까요.

한 부모님이 이런 말씀을 꺼내셨습니다. 그동안 어느 정도 잘한다고 생각했던 아이의 독서 노트를 보고 '이것밖에 못 쓰나.' 싶어서 실망스러우셨다고요. 그에 대해 담당 선생님께서 이런 답변을 주셨습니다. 선생님 답변의 일부분을 책에 옮겨봅니다.

'노트 정리라는 것이 쉽지 않아요. 노트에 적기 위해서는 무엇이 중요한지 포인트를 스스로 파악해야 하고, 그것을 순간적으로 기억하고 글로 표현해야 하죠. 그리고 그 순간 동시에 수업을 들으며 이해도 해야 하고요.

그런데 이것을 직접 혼자 힘으로 시도해보는 경험이 있는 아이들이 많지 않아요. 학교에서도 선생님이 칠판에 적어주신 것을 보고 따라 적는 것이 보통이지, 스스로 힘으로 적는 경우는 드물어요.

그래서 독서 노트를 적은 것이 보기엔 영 헐거워 보여도 '우리 아이가 수업 시간에 이것을 놓치지 않았구나.'라고 생각해주시면 좋을 것 같아요. 아이들 몸이 계속 자라듯이 사고력과 이해력 등이 함께 성장하게 되면 노트 작성뿐만 아니라 다른 결과물도 더 깊어지리라 생각됩니다.

한 가지 확실한 것은 이렇게 스스로 해본 경험을 쌓아가는 것이 중요하다는 것입니다. 직접 해보지 않으면 무엇이 부족한지, 내가 잘하는 것인지조차 알 수 없거든요. 그리고 무슨 일이든 시간이 쌓이지 않으면 내 것이 되지 않는다는 것을 깨닫습니다. 비록 짧은 시간이지만 이것들이 계속 쌓여

가면 아이들에게 노트필기에 대한 손의 근육뿐 아니라 정리하는 뇌의 근육도 조금씩 다져지지 않을까 합니다.'

너무 좋은 말씀이지요. 아이들은 대부분 학교에서 필기를 해옵니다. 글쓰기가 아니라 필기에 익숙해져요. 제가 중학교 때 아주 좋아했던 국사 선생님이 계셨습니다. 그분은 수업 시간에 책의 어느 부분에 어떤 색깔의 펜으로 밑줄을 긋고 네모 치고 어떤 필기를 할지를 모두 정해주셨어요. 여기는 빨간색, 여기는 파란색, 여기는 별 3개. 국사가 어렵고 늘 정리가 잘 되지 않았던 저는 그분이 그렇게 해주시는 것이 너무 좋았습니다. 하지만 생각해보면 중학생이 되도록 저는 국사라는 과목에 있어서 스스로 중요한 것을 판별하고 정리하는 능력이 없었던 것이지요.

초등 저학년은 스스로 필기할 범주를 정하고 중요한 내용을 적어보고 문장을 구성해보는 글쓰기를 합니다. 나는 어떤 내용을 적었는지, 또 친구들은 어떤 내용을 적었는지 확인해보면서 스스로를 평가할 수 있습니다. 처음부터 끝까지 '필기'를 하는 것보다 스스로 작성한 내용을 발표하며 친구들과 비교해보고 무엇을 더 적을 수 있었을지 생각해보는 피드백이 더 중요합니다. 한 권의 책이 다 끝나면 이런 내용들을 모아서 3개의 문단 정도로 구성할 수 있는 글쓰기를 합니다. 긴 글이라는 것은 짧은 글을 모아놓은 것입니다. 중요한 것은 길이가 아니라 거침없이 나의 글로 표현할 수 있는가입니다. 생각을 글로 자유롭게 표현할 수 있는 능력을 키우는 것이 글쓰기 교육입니다.

» 근거나 예시를 들어 설명하는 글쓰기

초등 고학년을 대상으로 하는 수업에서는 과학적인 내용을 근거나 예시를 들어 설명하는 글쓰기를 합니다. 이 과정에서는 첫째, 내용을 제대로 이해했는지(나의 언어로 설명할 수 있는지) 스스로 판단할 수 있는 메타인지를 키우고, 둘째, 어떤 개념을 설명하기 위해 예를 들거나 근거를 댈 수 있는지 논리성을 확인하며, 셋째, 스스로 설명한 글을 통해 오개념이 있는지도 파악할 수 있습니다.

앞서 소개한 블라인드 테스트로 답이 아니라 한 문단의 짧은 글을 쓰는 연습을 합니다. 처음에는 대부분 겉으로 드러나는 답을 적습니다. '답'을 쓰는 문화에 익숙해져 있어요. 진짜 원인보다는 바로 보이는 원인을 적습니다. A 때문에 B가 생기고 B 때문에 C가 생긴다면, (A → B → C) C의 원인으로 A가 아니라 B를 씁니다. 그러면 다시 질문을 해요. B는 왜 생긴 걸까? A 때문에 B가 생긴다는 인과관계를 표현할 수 있도록 합니다. 내가 쓴 답에 한두 번만 더 이유나 근거를 생각해보면 한 문단의 글이 나옵니다. 이런 식으로 사고의 호흡이 길어지면 글도 함께 길어집니다.

다음과 같은 질문에 이렇게 답했습니다.

문제 : 세포분열이 중요한 이유가 무엇일까요?
답 : 새로운 세포가 생겨서.

학생의 생각을 읽어볼게요. '세포분열은 새로운 세포가 생기는 과정이기 때문에 중요하다.'라는 것이 되겠네요. 아이들은 문장으로 쓰는 것보다 간단하게 답만 표현하는 것에 익숙합니다. 우선은 이렇게 문장으로 고쳐 씁니다. 글의 첫 문장으로도 손색이 없는 문장입니다. 이렇게 짧은 문장이 모여서 글이 됩니다.

다시 학생의 답을 볼까요. 우리 몸은 새로운 세포를 필요로 한다는 것을 알 수 있네요. 그런데 왜 우리 몸에는 새로운 세포가 필요할까요? 이렇게 다시 질문을 하면 학생들은 그 이유를 설명합니다.

"우리 몸의 세포는 영원히 사는 것이 아니라 일정 수명을 다하면 죽어요. 따라서 새로운 세포의 보충이 필요합니다. 또 성장기에 있는 아이들의 경우 세포가 더 많이 생겨야 점점 성장할 수 있어요."

그럼 그 이야기를 더 적으면 됩니다. 네 문장의 한 단락 글이 되었습니다.

아이들의 글을 보면 궁금한 것이 떠오릅니다. 그 궁금한 것들을 다시 질문해보세요. 만약 질문에 답을 한다면, 그 내용을 보충해 넣으면 됩니다. 아이에게는 '근거가 충분하지 못해서 완성된 글이 되지 못했구나.'라는 것을 일깨워 줍니다. 글에는 근거와 이유가 들어가야 한다는 것을 알게 됩니다.

만약 답을 못하는 학생은 '아! 새로운 세포가 생겨야 한다.'라고만 생각했는데, 그 이유가 더 있을 수 있구나.'라는 것을 알게 됩니다. 새로운 질문이 될 수 있는 거죠.

즉, 이 문제에는 이렇게 답할 수 있습니다.

세포분열은 새로운 세포가 생기는 과정이기 때문에 중요하다. 우리 몸은 수억 개의 세포로 되어 있는데, 그 세포들은 수명을 다하고 나면 죽는다. 따라서 새로운 세포가 필요하다. 또 성장기 아이들은 새로운 세포가 계속 생겨야 성장할 수 있다. 그래서 성장기에는 세포분열이 더 활발하다.

한 문단의 글입니다. 짧아요. 하지만 이 짧은 글을 작성하면서 세포, 세포분열, 성장에 대해 다시 한번 정리할 수 있어요. 세포분열이 중요한 이유에 대해 두 가지 근거를 들어 설명했어요. 한 단락이지만 이렇게 글 쓰는 연습을 통해 사고가 깊어집니다. 문제의 답만 찾는 것이 아니라 그 문제의 답이 왜 이렇게 되는지까지 생각하고 그 과정을 논리적으로 표현하니까요.

글을 쓸 때는 반드시 지켜야 하는 주의사항이 있습니다. 책을 보고 적지 않는다는 것입니다. 의외로 많은 아이가 책을 덮고 설명해보라고 하면 당황해합니다. 책의 문장이 그대로 기억나지 않기 때문이에요. 당연히 기억나지 않아요. 하지만 책을 보면서 쓴 좋은 문장보다 책을 덮고 내가 스스로 설명하려고 노력한 문장이 더 좋은 글입니다. 책을 보고 답을 찾는 것은 앞에서 말한 글쓰기의 목표 중 어느 것도 얻을 수 없습니다. 아무리 많은 글을 써도 생각이 깊어지거나 글쓰기 실력이 늘지 않아요. 스스로 설명을 할 경우 문장에 비문이 섞이거나 앞뒤 말이 맞지 않는 경우도 많습니다. 하지만 괜찮아요. 오히려 자신의 글을 돌아보고 내 생각에 관해 객관적으로 평가할 수 있습니다. 스스로 어느 부분이 부족한지를 느끼고 어떻게 다시 고쳐봐야 하는지 알 수 있어요. 그래서 첫 번째 지켜야 하는 주의사항은 책을 보고 적지 않는다는 것입니다. 책을 덮고 도무지 무슨 글을 써야 할지 떠오르지 않는다면 내용을 잘 이해하지 못했다는 것입니다. 다시 책을 펴고 그 부분을 읽고 이해하고 공부한 후에 다시 책을 덮고 쓰도록 합니다.

» 과학 이론으로 세상을 해석하는 나만의 방식

과학사 수업에서는 책의 수준이 높아진 만큼 긴 호흡의 글을 써봅니다. 그런데 과학 에세이는 왜 쓰는 걸까요? 과학 글쓰기가 재미없는 이유는 책에 찾으면 나오는 내용을 그대로 써야 한다고 생각하기 때문입니다. '내가 아는 내용은 모두 책에 나와 있는데 이걸 왜 써야 할까? 또는 이것을 나만의 다른 표현으로 쓸 수 있을까?'라고 고민하다 보니 재미가 없을 것 같고 어렵게 느껴집니다. 맞아요. 만약 파동에 대해 수업을 하고 파동에 대한 글을 쓰라고 하면 어떨까요? 쓸 수 있는 표현이나 내용이 한정적입니다. 비슷한 글이 될 수도 있고, 배운 내용만 나열하면 재미없는 글이 될 수도 있겠죠.

잠깐 다른 글쓰기에 대해 생각해볼까요? 일기는 어떨까요? 일기를 쓰는 아이들의 글은 서로 매우 다를 겁니다. 경험이 담긴 일기는 그 사람만의 특별한 이야기와 그 속에 담긴 생각을 전달할 수 있습니다. 같은 사건을 두고 사람마다 해석하는 방식은 다르기 때문에 글쓴이의 가치관이나 생각을 읽을 수도 있습니다.

독후감은 어떨까요? 독후감은 줄거리와 그 내용에 대한 내 생각이 담깁니다. 책을 읽으면서 떠오르는 생각들을 이으면 서평 혹은 독후감이 됩니다. 전체적인 줄거리는 비슷하겠지만, 같은 책을 읽고도 사람마다 느끼는 점이 다릅니다. 타인의 서평이나 독후감을 읽으면서 그 사람의 생각을 읽을 수 있습니다. 개인의 경험과 연결지을 수도 있고, 사회의 묵직한 사건을 떠올릴 수도 있습니다. 같은 책을 읽었지만 해석이 다릅니다. 내 생각과 타인의 생각을 비교하며 서평을 읽습니다. 결국 우리는 일기든 독후감이든 타인의 글을 읽으면서 그 사람이 세상을 바라보는 방법을 봅니다. 그 사람의 생각을 읽습니다.

과학 에세이도 마찬가지입니다. 과학 에세이에는 과학 이론과 함께 그 이론으로 세상을 해석하는 방식이 들어갑니다. 그래서 나만의 표현으로 과학 이론을 풀어서 쓴 글이 좋은 과학 에세이라고 할 수 있습니다.

다음 두 글은 함께 수업을 받은 초등 6학년 학생이 쓴 글의 일부분입니다.

파동은 다양한 곳에서 발생한다. 파동의 종류에는 소리, 지진파, 빛 등 다양한 것이 있다. 사람이 말을 하면 공기 분자들이 서로를 치며 진동한다. 지진파는 땅이 진동하는 것이

다. 연못에 돌멩이를 던지면 물이 원 모양을 그리면서 퍼지는 모양을 볼 수 있다. 이러한 것들이 모두 파동이다.

파동이 무엇인지 알아보도록 하겠다. 파동의 정의는 어느 한 지점의 진동이 옆으로 퍼지는 현상이다. 사람이 왼쪽으로 한 발짝, 오른쪽으로 한 발짝으로 반복해서 움직인다면 이것은 그 사람이 진동을 하고 있는 것이다. 그리고 이러한 진동이 옆으로 퍼지는 현상이 파동이다.

이 학생은 서론에서 우리 주위에서 볼 수 있는 파동의 종류에 관해 설명하면서 글을 이끌어냈습니다. 우리가 접할 수 있는 파동으로 소리, 지진파, 물결파를 떠올렸습니다. 전에 배운 내용을 떠올려 소리가 왜 파동인지도 떠올렸습니다. 두 번째 문단에서는 파동이 무엇인지 설명하기 위해, 우선 진동이라는 용어부터 설명합니다. 왜냐하면 파동의 정의가 어렵기 때문이겠죠. 이 문장을 어떻게 풀면 좋을지 고민했을 겁니다.

바다에 많이 가는 사람들은 바다에 물수제비를 하면 물이 진동해 그 진동이 옆으로 퍼져 나가는 모습을 한 번 정도는 보았을 것이다. 오늘은 이 물수제비를 할 때 바다가 진동하며 그 진동이 옆으로 퍼져 나가는 현상과 이 진동의 움직임에 대해 알아보겠다.

(중략)

파동에는 공통점이 있다. 매질은 제자리에서 진동하며 에너지를 전달하기만 한다는 것이다. 파동에서는 매질, 즉 바다를 이루는 물은 제자리에서 진동하지만 에너지는 옆으로 이동한다. 그런데 파도는 앞으로 이동하면서 진동한다. 파도는 왜 바닷물이 앞으로 이동하는 것처럼 보일까? 이는 바람이 매질을 같이 이동시키기 때문이다.

(중략)

수조에 물을 담고 빛을 쏜다면 빛은 물 쪽으로 굴절할 것이다. 이때 빛이 반사되기도 할까? 파동의 반사와 굴절은 다른 상황에서 일어나는 것이 아니다. 따라서 반사도 일어난다. 하지만 반사된 빛은 보이지 않는다. 이 빛을 보려면 공중에 물을 뿌리면 된다.

두 번째 학생은 일상적으로 경험했을 법한 이야기를 끌어들였습니다. 물수제비와 파도입니다. 그리고 자신이 이 내용을 배우면서 가졌던 의문들을 제기하고, 그 의문을 풀어나가는 방식을 취했습니다. (마지막 줄에서 제시한 '이 빛을 보려면 공중에 물을 뿌리면 된다.'는 옳지 않지만 여기서는 넘어가겠습니다. 반사된 빛을 볼 수 있을까? 하는 생각을 했다는 것만으로도 멋집니다.)

 이렇게 과학 에세이에는 과학적 사실만 빼곡하게 들어가지 않습니다. 내가 이해한 방식, 그리고 경험한 내용이 뒷받침됩니다. 같은 내용으로 수업을 하고 과학 에세이를 썼는데 색다른 글을 읽는 재미가 있습니다. 학생마다 전개 방식과 생각의 흐름이 다르기 때문입니다. 또한 두 학생이 파동을 배우면서 서로가 주목했던 내용이 다름을 알 수 있고, 어떻게 이론과 경험이 맞물려 연결되는지 과정이 보입니다. 하지만 처음부터 그렇진 않았습니다. 처음에는 배운 내용, 그러니까 책에서 중요한 내용만 이어 붙였습니다. 모든 아이의 글이 똑같았습니다. 그래서 개요를 작성하는 연습을 했습니다.

 주제를 던져주고 한 페이지의 글을 쓰라고 하면 글쓰기 경험이 없는 학생들은 어려워합니다. 글쓰기에서 가장 어려운 부분은 첫 문장이라고 해요. 아이들도 무엇을 어떻게 시작해야 좋을지 막막하지요. 이럴 때는 개요를 먼저 작성하도록 합니다. 개요를 짜고, 단락마다 뒷받침해줄 수 있는 근거나 현상에 대해서 찾거나 고민해보도록 합니다.

 먼저 서론과 본론 1, 본론 2, 본론 3, 결론에 어떤 이야기를 할 것인지 간단하게 작성하고 중요한 문장을 적도록 합니다. 처음에는 서론과 본론, 결론을 어떤 식으로 구성하면 좋을지 각각의 내용도 예시로 제안해주었습니다. 그 문장이 문단의 주제가 되겠네요. 함께 개요를 보면서 그 주제에 대해 어떤 근거나 예시, 현상, 경험을 추가하면 좋을지 생각해보도록 하여 개요에 살을 덧붙입니다. 그렇게 몇 문장만 더 붙이면 글이 됩니다. 이렇게 몇 번 글을 써보고 나면 개요를 가이드해주지 않아도 스스로 자연스럽게 문맥이 맞는 글을 작성할 수 있습니다.

글을 완성하고 나면 반드시 글을 다시 한번 읽어봅니다. 자신의 글을 돌아볼 때는 앞서 한 문단 쓰기와 같습니다. 이 글을 읽고 더 질문할 내용이 있는지 생각해봅니다.

다음은 '낮말은 새가 듣고 밤말은 쥐가 듣는다.'라는 속담의 과학적 원리에 대해 작성한 글입니다.

소리의 굴절은 온도와 상관이 있다. 낮에는 지면이 뜨겁고 위가 차가워진다. 지면에서 소리의 속도가 빨라지고 위에서는 느리다. 소리는 위로 굴절된다. 따라서 낮에는 새가 듣는다. 반대로 밤에는 낮에 지면이 차갑고 위가 더 뜨거워서 지면에서 속도가 느려지고 위에서 빠르다. 따라서 소리는 아래로 굴절된다. 쥐가 듣는 것이다.

우선 내용에 오류는 없습니다. 그런데 이 글을 읽는 독자는 이해가 안 되는 부분이 생길 것 같습니다. 아이들에게 각자가 쓴 글을 읽고 '질문'을 해보도록 했습니다. 이런 질문들이 나왔습니다.

'지면에서의 속도가 빠르고 위에서 느리면 왜 소리는 위로 굴절될까?'

'낮에는 왜 지면이 더 뜨겁고 위가 차가울까?'

자신이 쓴 글을 스스로 읽고 질문을 찾았습니다. 질문에 대한 답을 알면 그 내용을 추가하면 되고, 모르면 그 내용을 공부해서 보충하는 방식으로 글을 채워나갑니다.

『하루 20분, 미국 초등학교처럼』(센추리원)이라는 책에서는 수행평가가 제대로 이루어지기 위해서는 학생들이 스스로를 평가할 수 있는 가이드라인인 루브릭이 필요하다고 합니다(루브릭은 수행평가와 자기주도학습을 위한 필수요건으로 학생들 글의 평가 항목과 채점 기준을 제시해주는 것입니다). 무슨 내용이 반드시 포함되어야 하는지, 어떤 점을 염두에 두어야 하는지에 대한 가이드를 제시해주면, 학생들은 스스로 자신의 글을 평가하면서 작성할 수 있습니다. 자신의 학업을 스스로 평가하고 무엇을 잘했는지 무엇이 부족한지를 발견하는 것은 자기주도적 학습에서 중요한 요건입니다. 긴 호흡의 과학 글쓰기 주제에 대해서는 루브

릭을 제시합니다. 특히 과학사 수업은 책 한 권을 읽고 깊이 있는 글쓰기를 하기 때문에 배운 핵심 개념과 주요 내용이 무엇인지 언급하고 글에 반드시 포함되어야 하는 것을 제시해줍니다. 이렇게 가이드라인을 제시해주면 글을 쓰기가 한결 수월해집니다.

글쓰기주제

아리스토텔레스에게 당신 생각이 어디가 잘못되었는지 설명하는 편지를 쓰세요.

(단, 존경의 마음을 담아서, 문단과 문단이 자연스럽게 연결되도록)

라그랑주 수업의 목표
1) 아리스토텔레스의 세계관 vs 갈릴레이, 뉴턴의 세계관
2) 힘과 가속도의 관계

주요 내용
1) 갈릴레이의 생각을 뒷받침할 수 있는 사고실험
2) 힘이 작용하면, 그리고 힘이 작용하지 않을 때 물체의 운동에 대해 예를 들어 설명

필수사항	우수	보통	미흡
'수업 목표'를 이해하고 적용하기	편지 내용에서 수업 목표 두 가지에 대한 내용을 모두 활용하여 쓴다.	편지 내용에서 수업 목표 한 가지에 대한 내용을 활용하여 쓴다.	편지 내용에서 수업 목표를 활용하지 못한다.
'주요 내용' 이해하고 활용하기	편지 내용에서 주요 내용을 두 가지 모두 다룬다.	편지 내용에서 주요내용을 한 가지밖에 다루지 못한다.	편지 내용에서 주요 내용을 적절하게 다루지 못한다.
자신의 언어로 설명하고, 근거와 예를 활용하기	핵심 개념과 주요 내용을 바탕으로 그 근거를 논리적이고 설득력 있게 설명한다.	핵심 개념과 주요 내용을 자신의 언어로 설명하지만 근거를 설명하는 것이 부족하다.	핵심 개념과 주요 내용을 책에 있는 문장을 활용하여 설명한다.
맞춤법 및 작문력	맞춤법에 맞게 글을 쓰고, 접속어를 적절히 이용하며 문장 구성력이 좋다.	맞춤법에서 실수가 있고 문장구성력에서도 미흡하다.	맞춤법에서 실수가 많고, 문장 구성력에서도 많은 연습이 필요하다.

※ 위 루브릭은 『하루 20분, 미국 초등학교처럼』을 참고하여 작성되었습니다.

» 가정에서 완성하는 탐구 보고서

과학에서는 한 가지 더 중요한 형식의 글쓰기가 남았습니다. 바로 과학 실험 보고서, 혹은 탐구 보고서, 연구 보고서입니다. 요즘 관심이 많은 부분인 것 같습니다. 실험 보고서를 쓰는 연습 때문에 실험학원을 가야 한다는 말도 있더라고요.

제가 처음 블로그를 시작했을 때 탐구 주제에 대한 문의를 정말 많이 받았습니다. 교내 과학탐구대회에 출전하려고 하는데 적당한 주제를 선택해달라는 것이었어요. 탐구 주제만 정해주면 그 다음 과정은 자신 있게 할 수 있는데 주제 선정이 어렵다고요. 탐구 보고서에는 일반적인 양식이 있습니다. 탐구 동기, 이론적 배경, 실험설계, 결과, 결론, 참고문헌이 들어갑니다. 하지만 처음부터 이 양식에 맞춰서 내용을 끼워 넣는 방식으로 배우지 않기를 권합니다. 여기서는 집에서 연습할 수 있는 방법을 알려드리겠습니다.

우선, 두 가지로 나눠서 연습합니다. 하나는 아이의 질문에서 출발해서 질문을 탐구하는 경우이고 다른 하나는 실험입니다. 첫 번째는 실험을 하지 않고 이론적으로 추론해낼 수 있는 경우입니다. 아이들의 질문은 칠판이나 노트에 기록하여 쌓아두세요. 그중에서 아이 수준에서 탐구

할 수 있을 만한 질문을 선택합니다. 너무 쉽지 않고, 적당하게 도움을 받으면 해결할 수 있는 수준이 좋습니다. 특히 이론적 배경에 해당하는 내용을 아이가 스스로 책을 읽고 정보를 얻을 수 있는 수준이면 됩니다. 해결하고 싶은 질문이 생겼다면 어떻게 접근해야 할까요? 바로 인터넷을 켜고 초록 창에서 검색하는 방법은 별로 도움이 되지 않겠죠. 우리에게 중요한 것은 지식이 아니고 그 지식을 찾아가는 과정입니다.

저희는 수업에서 '친구 호기심 해결해주기'라는 주제로 질문에 관해 조사해오고 답을 찾아오는 과제가 있습니다. 인터넷 말고 책을 찾아보도록 과제를 내줍니다. 하지만 이내 책 찾는 것을 포기하고 인터넷에서 검색을 해요. 왜 그럴까요? 나의 문제를 해결할 실마리가 되는 이론적 배경이 무엇인지 판단하지 못하기 때문입니다. 탐구한다는 것은 질문의 답이 바로 나오는 것이 아니라, **어떤 이론적 배경을 안다면 이 답을 추론해낼 수 있는지를 찾는 과정입니다.**

한 학생이 "헬리 혜성은 운동을 하는 걸까요?"라는 질문을 선택했습니다. 간단한 질문이라 인터넷에 검색하면 금방 답을 찾을 수 있을 것 같습니다. 하지만 우리에게 필요한 것은 자료를 이용하여 추론해내는 능력입니다. 여기서는 어떤 배경 지식이 필요할까요? 다음 두 가지를 찾아보도록 했습니다. 혜성에 관한 책을 찾아 헬리 혜성이 어떻게 움직이는지 살펴보고, 물리학 개념사전을 이용하여 '운동'의 정의가 무엇인지 찾아보도록 했어요.

다음 내용을 조사해왔습니다.

운동은 시간에 따라 물체의 위치가 변하는 것
혜성은 타원이나 포물선 궤도로 공전을 하고 있다.
공전은 한 천체가 다른 천체를 주기적으로 도는 것.

학생은 이런 결론을 내렸습니다.

혜성은 태양을 중심으로 공전을 하고 있고, 공전을 한다는 것은 주기적으로 위치가 변하기 때문에 혜성은 운동을 한다고 볼 수 있다.

이렇게 연구 보고서를 작성할 수 있겠네요.

주제 : 질문 (헬리 혜성의 움직임을 운동이라고 볼 수 있을까?)
이론적 배경 : 찾은 내용
결론 : 학생이 추론한 내용

여기서 키울 수 있는 능력은 내 질문을 해결하기 위해 필요한 배경 지식이 무엇인지 찾는 것과 이를 바탕으로 추론하는 것입니다. 너무 쉬운 것 같나요?

초등 5학년의 한 친구는 '탄소는 왜 생명체에게 중요할까?'라는 질문을 선택했습니다. 접근이 어려울 것 같아서 도와줘야겠다고 생각하고 있는데, 갑자기 "이 책 참고할게요." 하면서 집 서재에서 생물학 관련 도서를 한 권 선택해왔습니다. 이 질문을 보면서 탄소의 분자 구조에 대해 알아봐야겠다고 바로 연결이 된 거예요. 서론에서는 탄소가 유기물과 무기물을 구분하는 기준이라는 점, 본론에서는 탄소의 결합팔이 4개라는 점과 공유결합 에너지에 대해, 그리고 결론에서는 이를 정리하여 '탄소는 왜 생물체에게 중요할까?'라는 질문에 대한 생각을 추론해냈습니다. 참고문헌에는 『Cartoon College Molecular Cell Biology 분자세포생물학』이라고 적혀 있었습니다. 문해력과 글쓰기 능력이 탁월한 학생입니다. 하지만 제가 놀랐던 것은 주어진 질문을 해결하기 위해 어떻게 접근해야 하는지를 알고 있다는 것입니다. 평소에 꾸준히 분석적인 독서와 글쓰기를 해온 역량은 이렇게 발휘됩니다.

하루는 수업을 하던 학생에게서 문자가 왔습니다. 학교에서 과학의 달을 맞이하여 과학탐구대회가 열리는데 어떤 주제가 좋을지 고민하고 있다고 했습니다. 물론 주제 선정을 제가 도와주진 않았습니다. 그동안 저하고 수업을 하면서 작성했던 질문 노트를 다시 보면서 주제를 선택하려고 한다고 하더라고요. 좋은 방법이라고 격려해주었습니다. '초식동물과 육식동물처럼 먹는 음식이 다르면 소화기관이 다를까?'라는 질문을 하겠다고 했습니다. 이 문제를 어떻게 풀어갈지 상당히 궁금했습니다. 참고도서에서 각 동물들의 소화기관 종류에 대해 알아보고, 소화기관의 전체 길이 대비 각 기관들의 비율에 대한 정보를 찾았습니다. 예를 들면 소는 전체 소화기관 중 위의 비율이 70%이고, 소장은 18%, 맹장은 3%……. 이런 정보를 찾은 것입니다. 그리고 이를 해석하여 결론을 제시하였습니다. 완성된 탐구 보고서를 보고 저도 놀랐습니다. 접근 방식이 상당히 좋았거든요. 그리고 교내 대회에서 수상작으로 선정되었습니다.

　이처럼 반드시 실험을 하지 않아도 정보를 찾아서 결론을 이끌고 충분히 탐구 보고서로 작성할 수 있습니다. 물론 마지막 보고서에서는 탐구 동기, 이론적 배경, 탐구 방법, 결과, 결론의 양식에 맞췄습니다. 실험을 하지 않았는데 탐구 방법을 어떻게 작성할 수 있을까요? 실험을 하지 않았지만 반추동물들의 소화기관 비율을 조사하였습니다. 그렇다면 탐구 방법에는 어떤 기준으로 자료 분석을 하였는지를 설명하면 됩니다. 어렵게 생각하지 않아도 됩니다. 내가 무슨 생각으로 이런 과정을 거쳐 결론을 낼 수 있었는지 내 생각을 전달하는 것이 탐구 보고서입니다. 결국, 생각의 과정을 보여주는 하나의 글쓰기인 셈입니다.

중요한 것은 질문에서 결론으로 가는 과정입니다. 어떤 정보를 근거로 하여 추론을 할 것인지 정하고 필요한 자료를 찾는 능력, 그리고 논리적으로 결론을 이끌어내는 능력을 키워야 합니다. 아이의 수준에 맞춰 쉬운 질문부터 시작해보세요.

» 사고하는 단계를 모두 담아내는 실험 보고서

두 번째로 실험 보고서에 관해 이야기해보겠습니다. 아이들은 실험은 좋아하지만 실험 보고서는 싫어하죠. 하지만 기록은 언제나 매우 중요합니다. 실험 보고서도 기본적인 틀이 있습니다. 실험의 주제와 준비물, 실험 과정, 결과, 결론이 들어갑니다. 일반적으로 실험 수업에서는 실험 보고서에 실험 과정을 제시해줍니다. 관찰 결과와 원리를 작성하는 것으로 끝나는 경우가 많습니다. 실험 보고서를 쓰는 것이 너무 힘들다면 실험 설계 과정과 관찰한 내용을 자세하게 적는 연습부터 해보세요.

실험에서 실험 과정을 설계하는 것은 중요하다고 했습니다. 특히 이 과정에서 변인통제 능력을 키울 수 있습니다. 실험의 과정은 모두 이유가 있어요. 왜 이 단계에서는 이렇게 할까, 왜 이런 순서로 할까, 여기서 주의할 점은 무엇일까 이런 것들을 생각하면서 작성해봅니다. 보통 실험 보고서에는 과정이 모두 나와 있는 경우도 있지만, 저는 이걸 직접 써보는 것도 중요하다고 생각합니다. 각자의 표현은 모두 다를 수 있거든요.

물리도 그렇지만 수학 문제의 풀이를 적어보라고 하면, 정말 많은 학생이 식만 적습니다. 풀이 공간에는 알파벳과 기호, 숫자만 떠다닙니다. 수학에서 풀이를 적는 이유는 뭘까요? 다른 사람에게 내가 어떤 생각으로 어떻게 풀었는지를 알려주기 위해서입니다. 그렇다면 왜 이런 과정으로 풀게 되었는지를 설명해야 합니다. 가령 방정식 문제라면, 나는 여기서 어떤 값을 x라고 두었는지를 알려주는 것부터 출발인 거죠. 실험 보고서도 마찬가지입니다. 나는 왜, 어떤 방식으로 실험을 했는지 알려주는 것이 실험 과정입니다.

또 하나, 관찰한 사실을 자세하게 기록하세요. 정말 정말 많은 학생이 "어? 그 실험, 해봤는데……."까지만 기억합니다. 어떻게 했는지는 둘째치고, 그 결과가 어땠는지 정확하게 기억하는 경우가 없습니다.

파동의 굴절에 관해 수업하던 중이었습니다. 공기 온도에 따라 소리가 어떻게 굴절되는지 그 방향을 알아보려던 중이었어요. 한 학생이 질문을 했습니다.

"전에 학교에서 수조에 우유를 넣고 레이저를 쏘는 실험을 했거든요. 이 경우에는 빛이 어떻게 꺾이나요?"

그래서 저는 그 실험을 그림으로 그렸습니다. 그리고 물에서 공기 쪽으로 빛을 쏘았을 때 어떻게 꺾이는지 물어보았습니다. 놀랍게도 수업에 참여했던 학생들은 모두 학교에서 실험을 해봤고, 하나같이 "실험은 했는데 결과는 기억이 안 난다."라고 답했습니다. 기억을 더듬어 각자 그려보게 했더니 기억하고 있는 내용도 모두 달랐습니다. 그중 질문을 했던 학생이 전반사가 일어나기 직전의 상황을 그리면서 "이런 것도 있었던 것 같아요."라고 말했습니다. 이를 미루어보아 실험 후 전반사가 일어나는 경우에 대해서도 배운 것 같습니다.

실험을 하고 나면 원리를 배웠을 거예요. 물에서 공기로 갈 때 빛은 어느 방향으로 굴절하는지 실험에서 관찰하고 내용을 배웠겠지요. "자, 실험에서 봤죠. 그래서 이러이러한 겁니다."라고 결론을 말해주는 것은 기억에 잘 남지 않습니다. 과학자들은 어떻게 실험을 할까요? 열심히 관찰합니다. 조작변인을 바꿔가며 관찰을 합니다. 관찰한 내용을 모두 기록합니다. 기록을 보면서 법칙을 이끌어내지요.

굴절 실험이라면 빛의 경로를 바꿔가면서 그려봅니다. 이 실험을 통해 굴절의 원리를 아는 것보다 관찰을 통해 굴절의 원리를 이끌어낼 수 있는 힘이 더 중요합니다. 빛이 어떻게 굴절하는지 그려보고, 각도를 조금씩 바꿨을 때 빛의 진행 방향을 그려보는 거예요. 열심히 관찰하고 관찰한 내용을 기록하는 것이 굴절의 원리를 적는 것보다 더 중요합니다. 이 과정이 잘 연습되어야 결과와 결론을 이끌어낼 수 있습니다.

실험 보고서의 모든 과정이 쓰기 힘들다면, 과정과 관찰에 집중해서 그 역량을 먼저 키워보세요. 그리고 조금씩 영역을 넓혀가면 됩니다.

탐구 보고서를 쓰는 방법은 과학에서 매우 좋은 글쓰기입니다. 과학적으로 사고하는 단계가 모두 담겨 있기 때문입니다. 거창하게 대회를 나가지 않아도 저학년부터도 시도할 수 있는 방법이에요. 아이들이 쏟아내는 질문들 중에서 스스로 추론할 수 있을 만큼 간단한 질문부터 연습해보세요. 실험에서는 많이 관찰하고 관찰한 내용만 써보기, 혹은 실험 과정을 기억해서 적어보기, 실험 전 실험 과정을 설계해보기 같은 활동들부터 해보면서 하나씩 추가해가면 됩니다.

| 제4장 |

공부의 본질
: 과학도 결국 문해력

» 과학만이 들려줄 수 있는 재미난 스토리

많이 받는 질문이 있어요.

"우리 아이는 지식도서를 좋아하지 않아요. 지식도서를 꼭 읽어야 할까요?"

아이들마다 좋아하는 영역이 다릅니다. 아이의 취향은 존중되어야 하고, 편독은 독서를 좋아하는 아이들에게 나타날 수 있는 긍정적인 현상이라고 생각합니다. 하지만 이 부분은 짚고 넘어가면 좋겠어요. 과학책은 지식도서이지만, 그렇다고 지식을 나열해놓은 재미없는 책이 아니에요. 부모는 아이들이 책에서 다양한 지식을 얻길 기대합니다.

지식이 나열되어 있는 책을 좋아하지요. 하지만 정말 재밌는 과학책은 스토리가 있어요. 여기서 말하는 스토리는 가상의 세계를 꾸며낸 소설이 아닙니다. 과학 자체의 이야기입니다. 과학에도 역사가 있고, 과학만이 들려줄 수 있는 스토리가 있어요.

책을 읽는 것 자체를 싫어하는 아이들은 과학책은 더 어렵다고 생각하기 때문에 지식도서가 힘들 수 있습니다. 하지만 책을 좋아하는데 지식도서를 싫어하는 아이들이라면 조금 관점을 달리해볼 필요가 있을 것 같아요. 어쩌면 책을 선택하는 안목이 굉장히 높을지도 모릅니다. 그런 아이들에게 추천하는 책이 『별똥별 아줌마』(창비 펴냄) 시리즈입니다. 서울대 지구과학교육과를 졸업하고 과학저술가로 활동 중이신 이지유 작가님의 『별똥별 아줌마』 시리즈는 여행 속에 과학을, 과학 속에 여행을 녹였습니다. 한 편의 여행기를 읽는 것 같지만 독자들을 아주 깊숙이 과학의 세계로 데리고 들어갑니다. 스토리가 너무 재미있습니다. 하지만 과학용어를 이용해서 억지로 만든 이야기가 아니에요. 쉽게 술술 읽힙니다. 하지만 겉핥기만 하는 과학책이 아닙니다.

그중 화산 이야기를 예로 들어볼게요. 화산은 별다른 설명할 거리도 많지 않고 아이들이 어려워하지도 않는 부분이에요. 그런 주제로 어떻게 한 권의 책을 썼을까 궁금하기도 했습니다. 하지만 이 책을 읽다 보면 평범한 화산 이야기가 아님을 알 수 있어요. 화산이 무엇인지 딱딱하게 설명한 과학 지식책이 아니라, 두 아이와 진짜로 활화산이 있는, 지금도 마그마가 흘러내리는 하와이에서의 여행담을 책으로 엮었습니다. 화산이라고 하면 참 무섭습니다. 하지만 지금도 용암이 흐르고 있는 곳, 용암이 흐르면서 바로 식어서 돌이 되는 모습을 지켜볼 수 있는 곳, 얼마나 덥고 목이 타는 듯한지 그 현장을 함께 들여다보며 놀라움을 금치 못하고 있는 순간, 어느새 하와이가 어떻게 생겼는지, 분화구는 어떻게 만들어지는지, 마그마의 종류에 따라 화산의 모양이 어떻게 달라지는지를 읽고 있습니다. 중요한 과학지식을 그림과 함께 이야기 속에 녹여 놓았습니다. 아주 오랫동안 푹 곤 매지근한 국물 같은 책이에요. 평소에 과학책을 싫어하고 이야기책을 좋아하는 아이들이라면 더 빠져들기 좋은 책입니다. 과학지식뿐만 아니라 인문학적 요소까지 녹아 있어 독서의 즐거움을 느낄 수 있어요.

『꼬물꼬물 세균대왕 미생물이 지구를 지켜요』(풀빛 펴냄)는 제가 과학을 책으로 접했으면 좋겠다고 생각하게 된 첫 번째 책입니다. 아주 오래전 지구가 처음 탄생했을 때 지구는 지금의 모습과 아주 달랐습니다. 지구에는 매일 운석이 날아들고 운석과의 충돌로 지구는 매우 뜨거웠어요. 아직 안정화되지 않은 지각에서는 매일 화산이 폭발하고요. 산소도 물도 없는 지구는 지금처럼 아름다운 푸른 지구가 아니었습니다. 그러다가 점점 우주에서 운석이 날아오는 양이 줄어들면서 지구는 식어갔어요. 어느 정도 식고 나니 지구 대기에 있던 수증기는 물로 변하고 구름이 되어 아주 많은 비가 내렸습니다. 바다가 생기고 물이 있는 푸른 지구가 되어가는 중이에요. 하지만 산소는 없었습니다. 지금 우리가 숨을 쉬는 산소를 가져다준 것은 우연찮게 지구에 태어난 시아노박테리아라는 광합성을 하는 세균입니다. 지구에 박테리아가 생기고, 먹이 다툼을 하던 박테리아 중에 햇빛을 먹고 에너지를 만드는 시아노박테리아가 탄생하게 된 것입니다. 그 시아노박테리아는 지구에 산소를 주었고, 햇빛으로 에너지를 만드는 굉장한 능력을 보여주었습니다. 이런 지구의 탄생 이야기를 너무나 재미있게 맛깔나게 들려주는 책입니다. 이 책은 억지로 만든 스토리가 아니라 과학 자체의 이야기를 들려줍니다. 너무나 재미있는 이야기책이에요. 하지만 그 속에는 중요한 과학 지식들도 녹아 있습니다.

저희 아이들이 좋아하는 책 중에 『파란 파리를 먹었어』

(풀빛 펴냄)가 있어요. 첫째도 그렇게 좋아하더니 네 살 둘째가 요즘 매일 읽는 책입니다. 파란 파리 한 마리가 숲속에서 배부르게 먹이를 먹고 여행을 떠납니다. 하지만 곧 개구리를 만나요. 개구리는 파란 파리를 잡아먹고 몸이 점점 파란색으로 변합니다. 파리를 맛있게 먹은 개구리는 또 다른 파리를 찾아 길을 떠납니다. 그러다가 뱀을 만나지요. 파란 개구리를 먹은 뱀은 점점 몸이 파란색으로 변해 갑니다. 또 다른 개구리를 찾으러 간 뱀은 까마귀한테 먹히고요. 까마귀는 여우에게 먹힙니다.

여기서 반전이 있어요. 여우는 누구에게 먹힐까요? 그 여우는 늙은 여우였어요. 길을 가다가 쓰러져버립니다. 몇 주 후 아주 작은 개미가 죽은 여우를 먹습니다. 자연의 세계는 큰 개체가 모든 것을 지배하진 않습니다. 포식자가 상위에 있는 것 같지만 그렇지 않아요. 여우를 먹은 개미는 파란 개미가 되었습니다. 이렇게 색깔로 먹이사슬을 표현한 책에서는 페이지마다 같은 어구가 반복되는 리듬감으로 문학적인 느낌, 그리고 예술적인 그림까지 함께 느낄 수 있어요. 마지막에는 파란 늑대를 잡아먹은 사람이 숲속에 파란 똥을 싸고, 그 주위를 파리 한 마리가 맴돕니다. 다음에 무슨 일이 일어났을지 아이들의 상상력도 자극하지요. 이렇게 좋은 과학 그림책을 만나면 너무 반갑습니다.

앞서 과학을 배우는 목적은 지식을 얻기 위해서가 아니라고 했어요. 과학책을 읽는 목적도 지식을 많이 얻기 위해서는 아닙니다. 물론 기본적인 지식이 있어야 다음 사고를 이어갈 수 있어요. 지식이 필요 없다는 뜻이 아니에요. 지식만을 얻기 위해서가 아니라, 그 지식을 얻는 과정이 중요하다는 뜻입니다. 과학지식을 쉽게, 더 쉽게 설명하려고 접근한 책보다, 그 속에 숨은 이야기를 담은 책으로 접근해보세요. 이야기책을 좋아하는 아이들, 특히 문해력이 뛰어난 아이들은 이런 책을 좋아합니다. 반대로 과학지식이 나열된 책을 좋아하는 아이들은 오히려 문해력이 낮을 수도 있으니 그림이나 글로 구조화하는 등 다른 활동들을 추가해주세요. 맥락을 이해하지 않아도 지식을 얻을 수 있고, 또 어디선가 그렇게 얻은 단편적 지식을 이야기하면 잘한다고 칭찬을 받을 수도 있으니까요.

» 과학자들의 삶이 그대로 녹아 있는 책

또 좋은 과학책은 과학자들의 삶이 그대로 녹아 있는 책이에요. 위인전을 읽는 이유가 무엇일까요? 어느 위대한 사람들도 천재로 타고나진 않았습니다. 그들이 천재적인 업적을 남겼다고 하지만, 아무런 노력 없이 얻은 결과는 아닙니다. 그들의 삶에는 감동이 있어요. 그 감동이 우리를 움직이게 만듭니다.

　일곱 살인 첫째가 이순신 장군을 좋아해서 이순신 책을 많이 읽게 되었습니다. 아무래도 일곱 살 아이의 수준에서 책을 읽다 보니 단편적인 일화들, 또 이순신의 업적을 중심으로 요약된 책이 많았어요. 점점 우리는 이순신을 영웅시했고 어떤 특별한 존재처럼 느꼈습니다. 그러던 중 황현필의 『이순신의 바다』(역바연 펴냄)를 읽게 되었습니다.

　불현듯 정신이 들었어요. 이순신이 우리의 영웅임은 분명했지만, 그런 업적을 남기고 훌륭한 인물이 될 수 있었던 것은 하루하루를 열심히 살아낸 결과였습니다. 짧은 시간 내에 성취가 드러나지 않지만 묵묵히 장군으로서 해야 하는 업무를 처리하고 군비를 늘리고 무기를 정비하는 일들이 모이고 쌓여 우리가 아는 이순신 장군이 되었습니다. 반면 어떻게 그렇게 멍청한 장군이 있을 수 있냐고 욕했던 원균은 단지 그 매일 해야 하는 일, 힘들어도 해야 하는 의무를 다하지 않았던 것이었어요. 이 작은 차이가 나라의 존폐를 결정했습니다. 마치 나비효과처럼요.

　과학자들도 마찬가지입니다. 천재 과학자들의 업적과 그들이 이루어낸 과학 이론이 얼마나 훌륭한 것인지에 집중하면 그들을 숭배할 수는 있지만 딱 거기까지입니다. 나와 동떨어진 다른 세상의 사람들이고 내가 노력해서 닿을 수 없는 곳이라 느껴집니다. 하지만 그렇지 않아요. 그들은 타고난 천재였다기보다 매일 매일 생각하고 공부하며 노력하고 노력해서 특수지능을 사용할 수 있게 된 것이에요. (여기서 특수지능이라는 단어는 박문호 박사님의 강연에서 따왔습니다. 박문호 박사님은 일상생활을 위해서는 일반지능으로 문제가 없지만, 인류의 문제를 해결하기 위해서는 특수지능이 필요하고, 그것이 공부를 해야 하는 이유라고 말합니다.) 훌륭한 성과를 거둔 위인들이 우리와 별반 다르지 않다는 것, 하지만 매일매일 어떤 목표를 가지고 노력하고 최선을 다해온 결과라는 것을 알게 된다면 우리도 해볼 만해요. 과학자들은 그들만의 풀고 싶은 문제가 있었습니다. 세상에 아직 답이 없지만, 너무 궁금해서 꼭 답을 찾고 싶은 그런 문제를 가지고 있었어요. 그들은 어떻게 그런 문제를 찾게 되었으며, 왜 그런 것들이 궁금했는지에 대한 이야기는 우리도 세상을 좀 더 세밀하게 관찰하고 사색할 수 있게 해줍니다. 세상에 아직 답도 힌트도 없는 문제를 그들은 어떻게 접근했을까요? 당연한 말이지만 한 번에 그 길을 찾지는 못했습니다.

일본의 노벨상 수상자인 나카무라 슈지의 『끝까지 해내는 힘』(비즈니스북스 펴냄)을 읽으면 과학자는 타고난 두뇌가 아닌 내가 가진 '문제'에 대한 집념과 실패를 거듭하며 탄생한다는 것을 알 수 있어요. 나카무라 슈지는 파란색 led를 만드는 데 성공하여 노벨상을 받았어요. 당시 빨간색과 초록색 led를 만들 수 있는 기술이 있었습니다. 하지만 전 세계적으로 파란색 led를 만들어내지 못하고 있었어요. led 산업에서 파란색 led는 매우 중요합니다. 빨강, 초록, 파랑이 빛의 삼원색이기 때문이에요. 즉, 파란 led만 완성되면 흰색 led를 만들 수 있게 되는 거죠. 훨씬 더 다양하게 많은 분야로 led 사용이 확장되는 거예요. 전 세계 이름난 기업과 유명한 대학에서도 파란 led를 만들기 위해 엄청난 예산을 쏟아부었습니다.

나카무라 슈지는 일본의 시골에 있는 중소기업 연구원이었습니다. 다른 기업과 대학에 비하면 연구비가 턱없이 부족하여 연구에 필요한 실험기구, 기계는 직접 제작해야 했습니다. 다른 유명한 기업과 대학에서는 '이러이러한 기기가 필요합니다.' 하고 하청업체에 의뢰해서 연구만 하면 되지만 나카무라 슈지는 직접 납땜질을 해가면서 만들어야 했습니다. 연구 과정은 쉬웠을까요? 절대 그렇지 않았겠죠. 매일 매일 실패를 거듭하고 거듭했습니다. 하지만 실패는 실패가 아니에요. 실패를 하면서 그 방향이 아니라는 것을 알게 됩니다. 그 과정을 수십, 수백 번 반복했어요. 결국 엄청난 예산을 가진 기업과 대학을 제치고 나카무라 슈지는 파란색 led를 만드는 데 성공합니다. 그는 과연 천재 과학자였을까요? 글쎄요. 나카무라 슈지의 『끝까지 해내는 힘』을 읽으면 그런 이야기는 못 할 것 같습니다.

  몇 년 전 세계를 들썩하게 만든 10대 소년이 있었습니다. 췌장암 진단 키트를 만든 잭 안드라카입니다. 잭 안드라카는 어떻게 고등학생이 췌장암 진단 키트를 만들게 되었을까요? 당시 사용하던 췌장암 진단 방법은 60년이 더 된 옛날 방식이었습니다. 그것을 의사도 아니고 전문가도 아니고 고등학생이 개선했다고 하면 다른 세계 사람 같아 보입니다. 하지만 잭 안드라카의 이야기를 읽어보면 그것만은 아닌 것 같습니다. 잭 안드라카가 췌장암에 관심을 두게 된 것은 친한 삼촌 테드가 췌장암으로 돌아가셨기 때문입니다. 췌장암이 무엇인지도 몰랐던 잭은 너무 슬퍼하며 삼촌을 앗아간 병에 대해 구글에서 찾아보았습니다. 그리고 췌장암을 낫게 하는 연구를 하겠다고 결심합니다. 처음 잭이 연구를 결심한 것은 췌장암의 치료입니다. 하지만 구글에서 정보를 찾다가 췌장암 치료가 어려운 것은 발견이 늦기 때문이라는 것을 알게 되었습니다. 잭의 문제가 바뀌게 되었죠. '왜 췌장암은 초기 진단이 어려울까?' 초기 진단만 가능하다면 충분히 치료할 수 있는 병이었고 많은 사람의 생명을 살릴 수 있었습니다.

그 과정에서 잭은 엄청난 실패와 좌절을 겪습니다. 예를 들어 그는 '암에 걸리면 혈액에서 특정 단백질이 증가한다.'라는 사실을 알게 되고, 탄소 화합물을 이용하여 그 단백질을 찾기 시작합니다. 그런데 문제는 혈액 속에 있는 단백질이 8,000개나 된다는 것이었어요. 각각의 단백질을 논문을 뒤져 찾고, 이 단백질이 췌장암에 걸렸을 때 증가하는 단백질인지 하나하나 알아보기 시작합니다. 그 과정을 비유하자면, 여러분이 자물쇠에 비밀번호를 걸어두었는데 비밀번호를 잊어버린 거예요. 그래서 0000, 0001, 0002, 0003 이런 식으로 일일이 번호를 바꿔가며 찾은 것입니다. 단순하게 이렇게 생각해볼까요. 비밀번호를 풀기 위해 이렇게 하나씩 잡일을 하며 노력을 할 것인지요. 이미 그 많은 경우의 수를 생각하면 질려버리지 않을까요? 하지만 잭은 포기하지 않고 이 과정을 묵묵히 해냅니다. 그리고 8,000개의 단백질 중에 췌장암에 걸렸을 때 메소텔린이라는 단백질이 증가한다는 것을 찾게 됩니다.

 하지만 아직 끝이 아니었어요. 이를 상용화할 수 있는 연구를 해야 했어요. 잭은 자신의 연구를 이어가기 위해 200군데의 연구실에 메일을 보냅니다. 하지만 199통의 거절 메일을 받게 됩니다. "너 같은 고등학생이 어떻게 할 수 있느냐." 그리고 왜 이것이 말도 안 되는 방법인지에 대한 이야기를 듣게 되죠. 이 정도면 어른의 정신력으로도 버티기 힘들 거예요. 하지만 마침내 '그럴 수도 있겠다'라는 긍정의 답변을 받게 되고 드디어 잭은 연구를 할 수 있게 됩니다. 한 번도 실험을 해보지 않은 고등학생이 대학원 연구실에서 어땠을까요? 잭은 번번이 실수를 하게 되고 그런 자신을 한심하게 여기며 구석진 곳에서 눈물을 훔칩니다. 쪽잠을 자며 연구를 지속한 결과, 드디어 잭은 기존의 방식보다 168배나 빠르고 99%의 정확도, 게다가 검사 비용이 단 3센트밖에 되지 않는 혁신적인 췌장암 진단 키트를 제작해내는 데 성공하게 됩니다.

잭이 천재였을까요? 글쎄요. 잭의 어린 시절의 모습이 조금 두드러지긴 했습니다. 부모님은 차를 타고 갈 때마다 생각할 수 있는 문제를 내셨고, 형과 서로 답이 없는 문제를 풀며 대결을 했어요. 지하실에 실험실을 만들어 실험하다가 동네 정전이 일어나기도 했고요. 잭의 연구는 그 연장선인 것 같습니다. 췌장암에 대해 아무것도 모르던 고등학생이 구글을 통해 정보를 하나하나 찾으면서 자신의 문제를 어떻게 좁혀나갔는지를 접하면 특수지능을 어떻게 키울 수 있으며, 그리고 특수지능이 우리 사회에 어떤 변화를 주는지 통감할 수 있습니다.

» 과학책 풍성하게 읽기

"선생님, 우리 아이는 책으로만 키웠어요. 책을 너무 좋아해요. 이제 3학년이 되었으니 비문학도 좀 읽어야 할 것 같은데 비문학은 도통 줄글을 읽어내지 못하네요."

이런 고민은 어느 부모나 할 수 있습니다. 아이들의 성장단계에 따라 언제쯤 다음 단계로 올려줘야 하는지는 늘 궁금합니다. 다른 사람들의 후기를 읽다 보면 우리 아이는 이미 넘어갈 때가 되었는데 그렇지 않아서 조마조마하기도 하고, 기다린다고 될 것 같지 않아서 다른 조치를 취해줘야 하나 걱정스럽기도 하죠.

언젠가 읽었던 영어책 읽기에 관한 책에서는 쉬운 책을 충분히 아주 많이 읽고 나서 다음 단계로 넘어가야 한다고 하더군요. 동의해요. 저는 한글책도 마찬가지 같아요. 아이가 이야기책을 좀 더 잘 읽는다고 해서 과학책, 역사책도 그렇게 읽어낼 수 있다는 것은 엄마의 욕심입니다. 과학책과 역사책은 기본적인 지식이 베이스 되어야 하는 점도 있고, 이야기책과는 사고 과정도 달라요.

글밥이 많은 책을 읽는 것보다 중요한 것은 책을 어떤 방법으로 읽는지 방법의 문제입니다. 아이들이 한글을 떼기 전에는 부모님이 책을 읽어줍니다. 어떻게 읽어주나요? 저는 아이가 어릴 때 고작 그림책을 보면서 '어떻게'

읽어줘야 하는지에 대해 진지하게 고민이 많았습니다. 책을 많이 읽어주다 보면 글을 읽을 줄 모르는 아이들이 신기하게도 외워서 읽는다는 책의 구절을 보고 '아, 그대로 읽어줘야 하는구나.' 했어요. 그런데 어느 날 문득 이게 재밌을까 하는 생각이 들었습니다. 안녕달의 『왜냐면』(책읽는곰 펴냄)을 읽는데 글보다 그림에 담긴 내용이 더 많았습니다. 그림에서 찾을 수 있는 재미 포인트도 있었고요. 그래서 아이와 책으로 대화하기 시작했습니다. 저희 첫째는 말이 많지 않습니다. 특히 의견을 말하는 것에는 부모 앞이라도 주저하는 편이에요. 그런 아이에게 꾸준히 책을 읽으면서 이런저런 이야기를 들려주었습니다. 요즘은 세계 문화에 관한 책을 읽고 있는데, 책 내용보다 제 여행 이야기가 더 많습니다. 그림책 한 권을 읽는 데 20분씩 걸려요. 이제 첫째는 책을 읽으면서 먼저 그림 이야기를 해주기도 하고, 자신의 경험도 나눠줍니다. 이것이 능동적인 책 읽기를 배우는 출발선인 것 같습니다.

초등학교 3학년이 과학 그림책을 읽으면 어떤가요? 『갈라파 행성에서 만난 살아나마스의 진화』(한울림어린이 펴냄)라는 그림책으로 수업을 했습니다. 한 페이지에 4~5문장밖에 없는 책입니다. 하지만 그림 속에 숨은 이야기가 너무 많습니다. 이 책 한 권으로 네 번의 수업을 하는데도 수업 시간이 부족합니다. 확장할 수 있는 이야기가 너무 많으니까요. 자신의 수준보다 높은 책을 읽을 때는 이해하기 위해 큰 노력이 필요합니다. 책의 내용만 따라가는 것도 힘들거든요. 하지만 조금 수준을 낮추면 더 많은 생각을 채워 넣을 수 있습니다. 엄마들이 육아를 하다가 그림책을 만났을 때 그림책이 좋아지는 이유가 아닐까요. 그림책을 보면서 나의 경험이 떠오르며 기뻤던 순간도 만나고 반성도 되고 눈물이 흐르기도 하기 때문입니다.

과학책을 그림책만 읽는다고 해서 걱정할 것은 없습니다. 충분히 훌륭한 그림책도 많고 오히려 초등학생이 유아 전집에서 얻을 수 있는 것이 많아요. 다만 어떻게 읽느냐가 중요합니다. 초등학생이 그림책을 읽는다면 그림책의 텍스트만 읽는 것이 아니라 그 속에 숨은 이야기를 생각해내며 빈틈을 채워가면서 읽을 수 있습니다. 또 지식 양이 많은 책이라면 별도로 용어를 정리하거나 다른 책과 함께 연결하여 읽을 수 있겠지요. 책의 글밥 수준으로 걱정하기 전에 얼마나 책을 입체적으로 읽을 수 있느냐를 지켜보아야 합니다.

글밥이 많은 책을 읽더라도 글만 읽는 데서 그친다면 앞으로 독서를 좋아하게 될 가능성이 작습니다. 공부가 아이들 머릿속에서 일어나는 일이듯이 독서도 마찬가지입니다. 머릿속에서 일어나는 일이에요. 얼마나 풍성하게 읽었는지는 본인만 알지요. 그림책을 읽더라도 마찬가지입니다. 글만 읽는 데서 그친다면 독서의 효과가 크지 않을 거예요. 하지만 그림책을 읽으면서 내가 알고 있는 지식, 경험을 생각하며 서로 연결하고 떠올릴 수 있다면 제대로 된 독서를 하고 있다고 볼 수 있어요. 그런 과정이 쌓이고 쌓이면 글밥이 있는 책도 능동적으로 읽게 됩니다.

» 과학 문해력을 키우는 3단계 독서법

1단계 정독

한때 속독이 유행했습니다. 책을 많이 읽으면 좋다고 하니 빨리 읽으면 좋을 것 같습니다. 하지만 요즘은 대부분 속독에 대해 걱정합니다. 아이들이 너무 빨리 읽으면 오히려 걱정하지요. 정독은 중요합니다. 하지만 정독 자체가 독서의 목표가 되어서는 안 될 것 같습니다.

정독이란 책에 주어진 내용을 정확하게 파악하며 읽는 것을 말합니다. 정독은 독서의 목표가 아니라 기본입니다. 만약 책의 내용을 정확하게 이해하는 것이 어렵다면 이 책은 아이의 수준에서 높은 책이에요. 그 과정이 반복되면 책에 흥미를 잃기 쉽습니다. 책의 재미에 푹 빠질 수 있으려면 이해가 가능한 책이어야 합니다.

　영어책은 독해를 해야 해서 오히려 수준에 맞는 책을 선택해서 읽는 편이에요. 하지만 한글책은 '글'을 읽을 줄 안다고 그냥 무턱대고 읽는 경우가 많습니다. '글'을 읽는 것과 '내용'을 읽는 것은 달라요. 특히 과학책은 앞뒤로 원인과 결과가 나오기도 하고 근거가 뒷받침되기도 하죠. 문장 구조를 이해하고 무슨 내용을 전달하는 것인지에 대해 구조화시키며 읽어야 합니다.

　속독이 위험한 이유는 생각할 틈이 없기 때문입니다. 내가 잘 아는 내용이라면 어느 정도 속독을 하면서도 충분히 이해하고 넘어갈 수 있습니다. 책을 읽어내는 속도로 단순 비교하기보다는 아이들이 이 책을 읽고 구조화할 수 있는지를 확인해보는 것이 좋습니다.

　정독하는 힘을 키우고 구조화가 되는지 확인해보기 위해 좋은 방법이 마인드맵 그리기입니다. 책을 읽고 난 후 마인드맵을 그려봅니다. 마인드맵은 핵심어를 찾고 핵심어들 사이의 관계를 나타냅니다. 따라서 주제를 파악하고 큰 주제, 작은 주제의 구조를 파악해야 그릴 수 있습니다.

　우선 읽은 내용의 중심 키워드를 찾아 빈 종이의 한 가운데에 씁니다. 그리고 책에서 전달하는 내용의 큰 주제를 정해요. 큰 주제의 개수는 내용에 따라 달라지지만 대략

4~5개 정도가 됩니다. 책 한 권 전체를 마인드맵으로 그릴 경우는 더 많아질 수 있어요. 첫 번째 주제 옆에는 조금 더 작은 주제나 그 내용에 대한 설명을 적습니다.

저희 수업에서는 책 두 페이지의 내용을 한 장의 마인드맵으로 그립니다. 책 두 페이지는 내용이 그리 많지 않고 한눈에 전체 내용이 들어오기 때문에 큰 주제를 선정하기 쉬운 편이에요. 그리고 이 과정에서는 목차에 따라 주제를 선택하는 것이 아니라 전체 내용을 이해하고 첫 번째 단계의 주제를 선택하므로 큰 틀에서 이해가 있어야 합니다. 마인드맵의 형식만 가져와서 책의 내용을 순서대로 나열하는 것이 아닙니다. 겹치는 내용이 있으면 하나의 키워드로 묶고 개념들 사이의 위계관계도 살펴봅니다. 전체적인 숲을 보는 능력을 키울 수 있습니다.

2단계 질문하며 읽기

정독은 독서의 목표가 아니라 기본이라고 했어요. 정독이 되고 나면 다음은 생각하며 읽는 독서를 해야 합니다. 독서가 정독에서 그친다면 그 독서는 지식밖에 안겨줄 수 없습니다. 독서를 하는 이유는 지식을 얻기 위해서가 아니라 그 지식을 바탕으로 생각하는 힘을 키우기 위해서예요. 어떤 생각을 할까요? 가장 쉬운 방법은 질문하는 거예요.

책을 읽다 보면 여러 가지 유형의 질문을 할 수 있습니다. 우선 내용을 이해하기가 어렵다면 어떤 부분이 이해가 되지 않는지 질문할 수 있겠지요. 'A가 B다.'라는 문장이 있다면 왜 A가 B인지 질문할 수 있어요. '하늘 위로 올라간 공기는 팽창한다.'라는 문장이 있다면, 왜 하늘 위로 올라간 공기는 팽창하는지 질문할 수 있습니다.

물리 책에 이런 문장이 있었습니다. "힘이 물체의 운동을 변화시킨다." 한 학생이 이런 질문을 했습니다. "힘이 물체의 운동을 변화시키는 것은 알겠어요. 그런데 어떻게 힘이 물체의 운동을 변화시키는 걸까요?" 아주 심오한 질문이지요. 이 질문에 대한 답을 지금 당장 찾지 못하더라도 의미 있습니다. 사고가 가능한 시점이 될 때까지 아이의 내면에는 질문이 살아 있을 것이고, 또 다른 책을 읽으면서 조금씩 조금씩 근접해갈 거예요.

그 외에도 다양한 질문이 떠오를 수 있습니다. 책의 내용에서 벗어난 질문도 있을 거예요. 아이들은 이런 질문을 더 잘합니다. 상상력이 발동되는 질문들이에요. 이런 질문을 하면서 기존 개념을 더 잘 이해할 수 있고, 또 과학적인 상상력을 키울 수 있습니다.

3단계 생각을 확장하며 읽기

엄마의 독서를 생각해볼까요? 어떤 육아서를 읽었어요. 그 속에 있는 지식을 그대로 받아들이기만 하시나요? 아니면 "맞아. 그때 아이가 그랬던 것이 이런 이유이구나. 그럼 나는 이걸 적용해볼까?" 이런 생각을 하면서 읽으시나요? 두 번째 방법으로 읽어야 제대로 된 독서가 됩니다.

과학을 전공한 제가 과학 그림책을 읽었을 때 더 재미있는 이유는 그 속에 담기지 않은 이야기들이 떠오르기 때문입니다. 책에는 그림 몇 페이지, 글자 몇 줄밖에 없지만 제 머릿속에는 더 많은 페이지와 더 많은 글밥이 담겨요. 그런 상상을 하다 보면 저자의 의도가 보입니다. 저자는 어떤 생각을 하고, 어떤 관찰에서 무엇을 깨닫고 전달하고자 한 것일까. 책을 읽는 맛이 한결 더 좋아집니다.

아이들과 책을 읽을 때도 많은 생각을 할 수 있도록 유도합니다. 각자의 이야기를 많이 꺼낼 수 있는 책이 좋은 책인 것 같아요. 경험이 많을수록 좋겠죠. 그래서 경험은 밑거름입니다. 온종일 책만 읽는다고 좋은 건 아니에요. 읽었던 책이 쌓이고 쌓이면, 이제는 책을 읽으면서 책 이야기를 할 수 있습니다. 예전에 읽었던 책의 어떤 부분이 떠오르기도 하고, 똑같이 설명한 부분, 다르게 설명한 부분들이 눈에 띕니다. 첫째 아이와 『물 한 방울』(한길사 펴냄)

이라는 책을 읽었어요. 눈 결정은 항상 6개의 가지를 가졌다는 이야기가 나옵니다. 아이는 금세 『눈 결정체는 어떻게 생겼을까요?』(내인생의책 펴냄)에서 읽었던 이야기를 꺼냅니다. 정육면체 철사로 만든 비눗방울 사진을 보면서는 함께 보았던 '언빌리버블쇼' 공연을 떠올려요. "그때 그 마술은 이렇게 만든 것이었을까?" 마술사인 줄 알았는데 과학자 같아 보이나 봅니다. 저희 선생님들에게도, 부모님에게도 이런 말을 합니다. "오늘 배워야 하는 지식을 체계적으로 몽땅 가져가지 않아도 괜찮아요. 아이들이 이 책을 읽고 자신만의 이야기를 많이 떠올릴 수 있으면 좋겠습니다."

저는 2015년부터 본격적으로 책을 읽었습니다. 우연히 읽었던 독서에 관한 책에서는 딱 100권을 읽어보라고 했어요. 미친 듯이 읽었습니다. 저는 책 읽는 속도가 굉장히 더딥니다. 글자를 하나하나 세면서 읽는 편입니다. 진도가 잘 나가지 않자 속독을 하고 싶어서 애가 탔어요. 그렇게 100권을 읽었는데 내 삶이 달라지지 않았습니다. 분명 책을 읽을 때는 머리가 틔는 느낌이었어요. "아!" 하며 무릎을 쳤고, 감동하며 밑줄을 그었어요. 그런데 그뿐이었습니다. 책을 덮고 나면 그 이야기는 연기가 되어 사라졌고 제

삶에 적용되지도 않았습니다. 무턱대고 읽기만 했기 때문이었습니다. 저는 정독만 하고 있었어요. 책의 내용을 이해했지만 정독으로는 제 삶이 달라지지 않았습니다. 지식을 얻었지만 그 지식을 어디에 써먹어야 하는지는 습득하지 못했습니다. 자연스럽게 적용되지도 않았어요.

그런데 그렇게 100권, 200권을 읽고 나자 점점 궁금한 점이 생겼어요. 책을 읽는 도중에 문득 제 생각이 떠올랐어요. 처음에는 읽기만 했지, 책 한 권을 읽고 서평을 쓰기가 어려웠는데 점점 제 안에 있는 것을 뱉어내고 싶은 욕구가 생겼습니다.

처음 책을 읽으면서 이렇게 읽기만 해서는 안 되겠다 싶어서 독서 노트를 하나 만들었어요. 하지만 제가 쓸 수 있는 글은 필사뿐이었습니다. 매일 매일 필사를 했습니다. 필사를 한다고 해서 그 내용이 외워지지도 않았고, 제 글을 잘 쓸 수 있게 되지도 않았습니다. 조금씩 쌓이는 먼지는 눈에 띄지 않는 법이니까요. 당시의 독서 노트를 보면 페이지와 문장만 적혀 있습니다.

점점 정독하는 힘이 키워지면서 질문이 떠올랐어요. 처음에는 단순한 질문을 했습니다. 이 연구는 정말 있는 걸까? 참고문헌 적어놨나? 이런 단순한 질문에서 점점 작가에게 물어보고 싶은 것들이 생겨났습니다. 제 경험이 떠올랐고 책을 읽으면서 그에 대한 저의 생각이 정리되었습니다.

책 귀퉁이에 적은 질문을 가지고 하루를 보내다 보면 어느 순간 그 질문에 대한 나만의 답이 떠올랐습니다. 그 이야기를 글로 표현하고 싶어졌습니다. 그렇게 조금씩 조금씩 저의 독서 노트에는 필사가 아닌 저의 질문과 생각이 담기기 시작했습니다. 점점 비율이 바뀌었어요. 내 생각을 쓰는 양이 더 늘어났습니다. 그렇게 저는 독서에서 글쓰기까지 하게 되었고 이제는 긴 호흡의 책을 출간하게 되었습니다.

아이들도 마찬가지예요. 처음부터 글쓰기를 잘할 수는 없습니다. 처음부터 독서를 잘할 수는 없습니다. 내면에서 충분히 많이 쌓이다 보면 자연스럽게 다음 단계로 넘어갈 거예요. 그렇게 쌓아가는 과정을 우리가 조금 더 이끌어줄 수 있다면 좋지 않을까요.

에필로그

독서교육의 최종 목표는
책을 읽는 어른이 되는 것

바야흐로 책육아의 시대입니다. 그 어느 때보다 '독서'를 중요하게 생각하는 시대가 되었습니다. 책만 많이 읽으면 아주 건강하게, 똑똑한 아이로 자랄 것 같습니다. 저를 포함하여 많은 부모가 책을 좋아하는 아이로 키우기 위해 부단히 애를 씁니다. 하지만 딱 어릴 때까지입니다. 유아 시기에서 끝나는 경우도 있고, 초등 저학년까지는 여유 있다고 생각하는 경우도 있지만 정말 길면 초등 6학년까지입니다.

독서교육의 가장 큰 문제점은 유아 시절, 초등 시절까지만 국한된다는 점이 아닐까요? 중학생이 되면 이제야 독서의 꽃이 필 수 있는 시기인데, 안타깝게도 여태까지 들인 공이 제대로 꽃피워보지도 못하고 끝나버립니다.

저는 수업 특성상 책육아로 아이를 키운 선배 부모들을 많이 만납니다. 그런데 그중 중학교에 올라가면서 학교 시험을 치러야 하는 시기가 오면 불안하고 흔들리는 분도 많습니다. 신기하게도 그런 아이들의 독서력은 그리 높지 않습니다.

반대의 케이스도 많이 봅니다. 저희는 온라인으로 하는 토론 수업입니다. 참여 학생의 자발적인 의지가 없으면 상당히 힘든 수업입니다. 그런데 놀랍게도 너무나 적극적이고, 즐겁게 배우며, 똑똑한 아이들이 있습니다. 무엇보다 눈에 띄는 점은 학습 정서가 너무 좋다는 사실입니다. 그런 아이들을 만나면 저는 어김없이 어떻게 키우셨는지 여쭤봅니다. 하나같이 공통점이 있었습니다. 가정에서 이루어지는 진짜 독서교육을 해왔다는 것입니다.

똑같은 시간 동안 똑같이 책을 많이 읽었지만 달랐습니다. 왜 그럴까요? 왜 그렇게 중요하다는 독서를 꾸준히 해왔는데 중학교에 들어서면 흔들릴 수밖에 없는 걸까요?

그 전에 이 질문부터 생각해봤으면 좋겠습니다.

독서교육의 목표는 무엇일까요?

책을 많이 읽은 아이들이 공부 머리가 좋아지기 때문일까요?

책을 많이 읽으면 알아서 공부할 수 있는 자발적 의지가 생기기 때문일까요?

도대체 책이 우리에게 주는 것은 무엇일까요?

『이순신의 바다』라는 책에 이런 구절이 있습니다.

거북선을 바라보며 외관의 멋스러움만 생각하지 말고 거북선에 탑승해서 전투를 치렀을 선조들의 처절함도 생각했으면 좋겠다.

내용인즉슨, 전투 시 거북선 실내는 아수라장이었습니다. 자욱한 먼지와 함께 실내는 어두웠고, 바닷물은 계속해서 새어 들어왔습니다. 실내에서 쏘는 포의 소리와 진동이 엄청나고 귀는 먹먹함을 넘어 아무 소리조차 들을 수 없었습니다. 적선과 부딪치면서 온몸이 붕 뜨고 여기저기 찍히며 피를 흘린 채 노를 젓고 포를 쏘았습니다.

당시 거북선은 대략 130명 정도가 탑승했는데 그중 90명이 노를 젓는 격군이었습니다. 거북선은 일본 배 사이로 그냥 치고 들어가도 멀쩡할 정도로 크고 단단하고 튼튼했습니다. 그 말은 겉으로 멋있는 것은 둘째치고 그 무거운

배를 이동시키기 위해서는 격군들의 엄청난 노력이 필요했다는 뜻입니다. 그리고 그 격군들은 대부분 노비 출신이었습니다.

  책을 읽으면서 부끄러워졌습니다. 첫째와 서울 여행에서 거북선을 보면서 참 멋지다는 생각만 했기 때문입니다. 그 안에 얼마나 많은 사람이 탔을 것이며, 그들은 바다 한가운데에서 얼마나 큰 두려움을 떨쳐내고 전쟁을 했던 것인지 생각해보지 않았습니다. 당연히 격군들은 카약 노를 젓듯 한가로이 노를 젓지 않았을 텐데 그들이 이리저리 몸을 날려가며 노를 저어야 했던 그 처절한 상황은 떠올리지 못했습니다.

  7살인 제 아들은 이순신 책을 수십 권 읽었지만 여전히 거북선은 멋지고 이순신은 싸움을 잘하는 영웅으로 생각합니다. 많은 어린이 책에는 이순신이 어릴 때부터 전쟁놀이도 열심히 했고, 책도 많이 읽었다고 나옵니다. 실패도 겪었지만 이겨냈고 아주 열심히 노력해서 그런 멋진 장군이 되었다고요. 그런 이야기를 읽고 "아, 나도 이순신처럼 열심히 노력해야겠구나."로 이어질까요? 그렇지 않습니다.

  하지만 『이순신의 바다』를 읽는 제 태도는 달랐습니다.

어디에도 이순신처럼 열심히 노력하고 올바르게 살아야 한다는 말은 없지만, 표현 하나하나에서 그가 얼마나 백성들을 위했고, 얼마나 본분을 지켜가며 맡은 일에 최선을 다했는지, 얼마나 바르게 살았고 존경을 받을 만했는지, 하루하루 열심히 훈련하고 공부하며 살아낸 결과가 나라를 구하는 엄청난 일로 이어질 수 있었는지까지 가슴에 와닿았습니다. 나아가 나는 과연 내 자리에서 자신의 사명을 다하고 있는지 반추하게 되었습니다.

당연히 어린이 책을 폄하하는 것은 아닙니다. 아이들 수준에 맞는 책도 필요하고, 그로 인해 아이들은 관심 분야를 뻗어 나갈 수 있습니다. 제가 이 책을 읽게 된 이유도 아들 때문에 어린이도서를 너무 많이 읽다 보니 좀 더 자세한 상황과 앞뒤 연계가 궁금해졌기 때문이었습니다.

하지만 독서는 어린이 책에서 끝나면 안 된다는 이야기를 하고 싶습니다. 진짜 독서는 사유할 거리를 주는 책을 읽는 청소년, 어른이 되었을 때 발휘됩니다. 독서교육의 목표는 책을 읽는 어른이 되는 것이고, 책을 읽는 어른이 되는 이유는 책을 읽으면서 나의 삶을 돌아보고, 내가 어떻게 살아야 할지 생각하고, 타인을 이해하고 공감하는, 즉 사유를 할 수 있기 때문입니다. 독서교육에서 가장 중요한 시기는 유아기가 아니라 청소년기에서 성인입니다.

우리는 어떤 마음으로 독서교육을 하고 있을까요? 책을 읽는 청소년들이 많아졌으면 좋겠습니다. 책을 읽는 성인이 많아졌으면 좋겠습니다. 책과 글쓰기로 사고를 확장하는 진짜 배움이 일어나는 교육이 되었으면 좋겠습니다. 이것이 독서의 본질임에도 불구하고, 독서와 글쓰기를 통해 생각하는 힘이 키워진 아이들은 교과 수업이나 시험도 잘할 수 있다는 이야기를 덧붙이고 싶습니다.

"책을 아무리 읽혀도 수학, 과학은 안 되더라." "책을 많이 읽었지만 시험을 위한 공부는 별개의 문제야."라는 생각으로 불안하신 분들에게 '제대로 된 독서가 과학 공부의 기초'라는 사실을 알려드리고 싶었습니다. 많이 읽는 것이 아니라 제대로 읽자는 이야기를 하고 싶었습니다. 읽기만 하는 것이 아니라 생각하는 독서를 하자는 이야기를 하고 싶었습니다. 무엇보다도 시험 이전에 교육의 본질을 다 같이 고민해보자는 이야기를 하고 싶었습니다.

독서교육에 앞장서고 계신 수많은 분에게 감사드립니다. 저는 그들의 연구와 결과물에 과학 한 스푼을 더했습니다. 새로운 교육을 시도하는 분들이 많아졌으면 좋겠습니다. 교육의 변화에 큰 물결이 일어나길 간절히 기원합니다.

참고 문헌

『우리 땅 돌 이야기』, 이승배 글, 나무나무 펴냄

『죽도록 즐기기』, 닐 포스트먼 글, 굿인포메이션 펴냄

『WHAT? 줄기세포』, 윤상석 글, 왓스쿨 펴냄

『똑똑한 우리 몸 설명서』, 황근기 글, 살림어린이 펴냄

『반트호프가 들려주는 삼투압 이야기』, 송은영 글, 자음과모음 펴냄

『최재천의 공부』, 최재천·안희경 글, 김영사 펴냄

『노래 부르는 매미』 고바야시 세이노스케 글, 올파소 펴냄

『하루 20분, 미국 초등학교처럼』, 심미혜 글, 센추리원 펴냄

『공부머리 독서법』, 최승필 글, 책구루 펴냄

『별똥별 아줌마가 들려주는 화산 이야기』, 이지유 글, 창비 펴냄

『꼬물꼬물 세균대왕 미생물이 지구를 지켜요』, 김성화·권수진 글, 풀빛 펴냄

『파란 파리를 먹었어』, 마티아스 프리망 글, 풀빛 펴냄

『끝까지 해내는 힘』, 나카무라 슈지 글, 비즈니스북스 펴냄

『세상을 바꾼 십대, 잭 안드라카 이야기』, 매슈 리시아크·잭 안드라카 글, RHK 펴냄

『이순신의 바다』, 황현필 글, 역바연 펴냄

과학이 재미있어지는
질문과 토론

초판 1쇄 발행 2023년 6월 26일

지은이 강다현
발행인 강다현
디자인 서승연
책임편집 노은정

펴낸곳 런스탠딩
이메일 learnstanding@gmail.com
출판등록 제 2023-000003호

ISBN 979-11-983509-0-9

·이 책은 저작권법에 따라 보호받는 저작물이므로 무단 전재와 복제를 금지하며, 이 책 내용의 전부 또는 일부를 이용하려면 반드시 저작권자와 출판사의 서면 동의를 받아야 합니다.

·잘못 인쇄된 책은 구매하신 서점에서 교환해드립니다.